UNA MUJER DE INFLUENCIA

UNA MUJER DE INFLUENCIA

Cómo dejar un legado a la siguiente generación.

SAHIRA DE MACÍAS

UNA MUJER DE INFLUENCIA.

Queda prohibido escanear, reproducir total o parcialmente esta obra por cualquier medio o procedimiento, así como la distribución de ejemplares mediante alquiler o préstamo público sin previa autorización.

Copyright © 2020 SAHIRA DE MACÍAS.

All rights reserved.

AGRADECIMIENTOS

Doy gracias primeramente a Dios por haberme guiado durante la escritura de este libro y haberme dado la fe para creer que es solo por Él y en el poder de su Espíritu que, a pesar de nuestras incapacidades, podemos ser de bendición a los demás.

Doy gracias a mi esposo, Rogelio, por ser de gran apoyo para mí; por animarme cada día, por motivarme a ser una mujer de influencia y por alentarme con amor durante todo este proyecto. También a mis hijos, David y Andrea, por sus grandes contribuciones al diseño, redacción y edición de este libro; y a mis padres, porque siempre he podido contar con su respaldo y su apoyo en oración y ayuno. Gracias por sus ideas y por todas esas horas de trabajo invertidas. ¡Siempre se trabaja mejor en familia!

Agradezco, también, a mis hermanos y amigos, por haberse tomado un tiempo para dar sus opiniones y contribuciones, las cuales enriquecieron este libro, y por animarnos a creer que

Dios tiene cosas mayores para nuestra vida de las que podíamos imaginar; y al grupo Mujeres De Influencia, pues desde que les compartí este sueño me han animado y apoyado con sus oraciones.

Asimismo, doy gracias al Instituto de Autores, por haber compartido conmigo las herramientas necesarias para la creación de este libro.

Finalmente, quiero agradecer al grupo de mujeres de la Iglesia Bautista Jericó, quienes, durante estos veintidós años, hemos servido a nuestro Señor. Este libro también es un testimonio del tiempo que hemos disfrutado juntas a lo largo de todos estos años y del amor en Cristo que tengo hacia cada una de ustedes.

¡GRACIAS!

ÍNDICE

Carta de Sahira 9

Una oración por ti 11

Primera Parte: Ser de Influencia 13

Capítulo 1: ¿Soy una mujer de influencia? 15

Capítulo 2: La sal que da sabor 31

Capítulo 3: Deja brillar tu luz 37

Segunda Parte: El carácter de una Mujer de Influencia ... 41

Capítulo 4: Una mujer de influencia, recibe el amor de Dios y ama a otros 43

Capítulo 5: Una mujer de influencia, medita en la Palabra de Dios para ser prudente 53

Capítulo 6: Una mujer de influencia, entiende la santidad de Dios y se guarda pura 61

Capítulo 7: Una mujer de influencia, abraza el privilegio de cuidar el hogar 67

Capítulo 8: Una mujer de influencia, refleja la bondad de Dios en su vida 79

Capítulo 9: Una mujer de influencia, se sujeta voluntariamente a su marido 87

Tercera Parte: Construye tu Legado 95

Capítulo 10: Una mujer de influencia, honra la palabra de Dios 97

Capítulo 11: El legado de una mujer de influencia 105

Epílogo: ¿Has pensado cómo será tu legado? 115

CARTA DE SAHIRA

Era una esperada mañana del 1 de agosto de 2001, mi esposo y yo salimos a la cita programada en el hospital a las 10:00 de la mañana; recibiríamos a nuestra segunda hija, Andrea. Desde ese día supe que mi hija y yo estaríamos juntas, es maravilloso cómo Dios puede mostrarte su gran bondad y amor a través de una bebé, es un regalo del cielo; ella completaría nuestra familia de cuatro: Rogelio, David, Andrea y yo.

Con el paso del tiempo, comencé a notar que se parece a mí, hay muchas cosas que ella hace como las haría yo, ¡Incluso hay cosas que ella hace mucho mejor que yo! Esto me dio un sentido de responsabilidad, al saber que mi hija me observa; está aprendiendo de cada cosa que yo hago, no solo me observa, está atenta a lo que digo; puedo escuchar que algunas de mis frases e ideas ahora ya son sus frases y sus ideas.

Se goza en la alabanza como me gozo yo, recuerdo cuando fuimos a nuestro primer concierto, ella era una niña de solo once años y disfrutamos tanto cantando con fuerza nuestras canciones favoritas; podemos estar cantando juntas en la casa, en el carro, donde estemos, casi siempre hay alabanzas, ¡las disfrutamos juntas! Por otra parte, veo que le enoja lo que a mí me enoja, nos enoja el desorden, el maltrato a los animales y las injusticias de la vida, entre otras cosas.

Esto me hizo pensar que soy de influencia para la vida de mi hija, y esta influencia puede ser positiva o negativa, puede ser influencia buena o influencia mala. ¡Qué gran responsabilidad tenemos como madres! El Señor nos ayude y nos dé la gracia y la sabiduría que necesitamos para ser mujeres de buena influencia.

Al comenzar a escribir este libro, lo hice con todo mi corazón pensando en mi hija Andrea; quiero dejar un legado que asegure, no solo que ella andará en Cristo, sino que mis nietos y las siguientes generaciones lo harán. También lo escribo pensando en ti, que quizá estás buscando ayuda para ser de buena influencia para tus hijos, para tu familia, para tu comunidad y para tu nación. Quiero decirte que he orado por ti, oro por las mujeres que serán atraídas a Cristo, oro por las mujeres que serán inspiradas a llevar una vida que deje un legado en esta generación que sufre tanta necesidad.

De una manera sencilla, bíblica y práctica, descubriremos juntas que tenemos un llamado de parte de Dios para ser de buena influencia en nuestra generación y, así, ser un modelo de Cristo, que podamos enseñar los principios bíblicos y dar testimonio con nuestra vida de las verdades de Su palabra al andar en obediencia y santidad. ¡Vamos, resplandezcamos como luces radiantes en este mundo que está en tinieblas!

UNA ORACIÓN POR TI

"Desde el momento en que supimos todo eso, no hemos dejado de orar por ustedes. Siempre le pedimos a Dios que puedan conocer su voluntad, que tengan la sabiduría, la inteligencia que da el Espíritu Santo. Así podrán vivir de acuerdo con lo que el Señor quiere, y Él estará contento porque harán toda clase de cosas buenas y sabrán cómo es Dios; por el gran poder de Dios tendrán nuevas fuerzas, podrán soportar con paciencia todas las dificultades y, así, con gran alegría darán gracias a Dios, nuestro Padre. Él nos ha preparado para que recibamos, en su reino de luz, la herencia que ha prometido a su pueblo elegido. Dios nos rescató de la oscuridad en que vivíamos, y nos llevó al reino de su amado Hijo Jesucristo, quien por su muerte nos salvó y perdonó nuestros pecados."

Colosenses 1:9-14

PRIMERA PARTE

SER DE INFLUENCIA

Qué es ser una mujer de influencia y cómo podemos obedecer el mandato bíblico de ser la luz del mundo y la sal de la tierra.

CAPÍTULO 1:
¿SOY UNA MUJER DE INFLUENCIA?

"De la misma manera, dejen que sus buenas acciones brillen a la vista de todos, para que todos alaben a su Padre celestial"

(Mateo 5:16 NTV)

Una de las creaciones maravillosas de Dios es el mar, es un deleite sentarme a la orilla y escuchar el sonido de sus olas, es maravilloso caminar muy temprano por su orilla y ver la salida del Sol, cómo se levanta en el horizonte y hace que el agua tenga ciertos destellos de luz. Esto me hace pensar que la luz del Sol afecta en alguna manera, su luz es tan brillante que es imposible de esconder o pasar desapercibida, ejerce una influencia en todo lo que toca, y eso es una bendición.

Así como la luz del Sol es reflejada sobre el mar, nosotras también fuimos creadas por Dios para reflejar su gloria en medio de un mundo que está en tinieblas. Somos llamadas a influenciar con el propósito de bendecir a otros. Las mujeres tenemos roles establecidos, fuimos creadas por Dios con este objetivo en mente. Por ejemplo, somos llamadas a ser esposas para ayudar a nuestros maridos, somos llamadas a ser madres para guiar e instruir a nuestros hijos y somos llamadas a servir a otros siendo maestras del bien. En cada una de estas áreas, nuestra vida tiene la oportunidad de brillar, Dios te puso en el lugar donde estás con un propósito especial. Nadie más que tú puede hacerlo, no hay otra persona que pueda ocupar tu lugar, porque fuiste diseñada por Dios desde el principio para hacerlo.

¡Somos de influencia!

Ya sea de manera intencional o no, siempre estamos influenciando a otros. Si miras a tu alrededor, siempre hay una persona cerca de ti cada día, alguien nos está mirando, está atento a lo que decimos, nos está admirando, evaluando y siguiendo más cerca de lo que tú y yo nos podemos imaginar. Sea en tu casa, en tu familia, con tus amigos, en la iglesia o en los lugares que frecuentamos, alguien tiene su mirada puesta en ti y en mí. Esto, además de ser inevitable, puede ser maravilloso o puede ser frustrante.

Todas somos llamadas a ser de influencia. Todas tenemos influencia sobre alguien más. Una madre tiene influencia sobre los hijos, una hermana mayor tiene influencia sobre su hermana menor, una joven tiene influencia sobre sus amistades y una maestra tiene influencia sobre aquellos a quienes enseña. Y esta influencia viene como resultado de nuestras relaciones con otras personas. Antes de comprender cómo podemos influir en otras personas, vamos a entender lo que significa ser de influencia. "Influencia" es la acción y efecto de influir, es el predominio que se ejerce sobre una persona. La influencia puede definirse como el derecho adquirido de ser escuchada para orientar a otros.

A veces, pensamos que una persona de influencia es alguien que ocupa una posición de renombre, alguien como la esposa del presidente de nuestro país, o quizá la directora de una empresa o de una institución. Quizá, las imaginemos como personas rodeadas de periodistas, que aparecen en la televisión y tienen los reflectores siguiendo cada paso que dan. Pero, lo maravilloso es que no necesitas ser una persona reconocida por muchos para ser de influencia. ¡Si tienes relación con otra persona, ya eres de influencia! Nosotras nos relacionamos con nuestra familia, pasamos tiempo con nuestro esposo y con nuestros hijos, convivimos con tíos, primos, abuelos, etc., pasamos tiempo con nuestros vecinos, con los compañeros de trabajo o de estudio. Al relacionarnos con otras personas ya somos de influencia para ellos.

En realidad, las palabras que decimos y las actitudes que manifestamos ejercen un poder de influencia sobre los que nos rodean; ya sea para bien o para mal. Necesitamos a Jesús en nuestras vidas, necesitamos de su ayuda y de su sabiduría para ser de buena influencia. Lo necesitamos porque nuestra tendencia es ser egoístas y buscar nuestro propio bien. Solo con la ayuda de Dios podemos ser transformadas, parecernos más y más a Cristo, podemos reflejar más de su amor y bondad.

"Por tanto, nosotros todos, mirando a cara descubierta como en un espejo la gloria del Señor, somos transformados de gloria en gloria en la misma imagen, como por el Espíritu del Señor"

(2 Corintios 3:18).

Cuando el Señor tiene influencia sobre nuestras vidas somos como un espejo que refleja su grandeza, así como el mar refleja con destellos el brillo del Sol. Esta influencia se ejerce de manera natural, no es algo que se hace por fuerza de voluntad, tu vida reflejará la luz de su gloria. Al rendir tu vida a Cristo, es el Espíritu del Señor quien nos ayuda a reflejar su amor, gozo, paz, paciencia, benignidad, bondad, fe, mansedumbre y templanza. Es en el poder de su Espíritu que nos ayuda a no vivir según el modelo de este mundo, nos transforma y cambia nuestra manera de pensar. Así podemos conocer la voluntad de Dios para nosotras, que es buena, agradable y perfecta. Cuando permitamos que esto pase en nosotras, Él nos ayudará a brillar y enseñar a otros con nuestro ejemplo de vida.

Somos ejemplo.

Una vez que entendemos que somos de influencia a todos los que nos rodean, también es importante considerar que somos ejemplo. De alguna manera, todos buscamos imitar a alguien o somos imitados por alguien más, nos convertimos en personas dignas de imitar por las buenas cualidades. Pero también, si el perfil es negativo, podemos convertirnos en un modelo perjudicial, ya sea para crear conciencia o para multiplicar lo malo. Un caso muy común es el de nuestros hijos. Ellos harán lo que nosotros hacemos, aun y cuando les demos la instrucción de no hacerlo, ellos terminarán haciendo lo que ven en nosotras.

En la iglesia, una de mis clases favoritas es la de los niños más pequeñitos —les decimos "Hormiguitas"—, y son niños con una edad entre 3 y 5 años. Ellos son tan especiales, casi siempre te están observando con esos ojos grandes y brillantes que los caracterizan, me gusta su actitud al entrar a la clase; unos llegan corriendo, otros hablando y algunos tímidos llegan en silencio, pero todos a la expectativa de lo que les vas a enseñar. Sin embargo, no solo es su actitud al llegar a clase lo que me gusta de ellos, también me asombra que observan tanto que se darán cuenta si hoy usas zapatos nuevos o te acomodaste el cabello de una manera diferente, si arreglaste tus uñas o descuidaste tus manos.

De la misma manera, ellos observan con atención las figuras de la clase bíblica. Quieren tocar los materiales que llevas y escuchan con atención las historias bíblicas, ellos creen con sencillez todo lo que les dices (lo que hace de esto una gran responsabilidad). Me gusta enseñarles con mi Biblia abierta, aunque ellos aún no saben leer, pueden ver de dónde proviene lo que les estoy diciendo, de la Biblia, de la Palabra de Dios. Pero, en la clase, ellos no solo aprenden, también nos enseñan a través de su fe, creen en Dios con todo su corazón, creen en lo que Dios les dice en su Palabra y creen en sus promesas, sin dudar. Así podemos ser ejemplo, no sólo, a los más pequeñitos con nuestras palabras y acciones, sino podemos ser un buen ejemplo para todos, no hay una edad definida para ser ejemplo.

"Pero tú habla lo que está de acuerdo con la sana doctrina"

(Tito 2:1).

En la Biblia, podemos ver que el apóstol Pablo le dice a Tito que enseñe *"lo que está de acuerdo con la sana doctrina"*. Esto se refiere a que era su deber hablar, enseñar y compartir las instrucciones basadas en la Palabra de Dios, siendo respaldadas por su ejemplo.

Aquí hay tres principios que nos ayudarán a ser un buen ejemplo:

1) *Hablar* compartiendo las buenas nuevas de la Palabra de Dios, no dejando de decir lo que hemos visto y oído de nuestro Señor Jesucristo.

2) *Enseñar* dedicando un tiempo especial para compartir con otros las verdades bíblicas, siendo intencionales en discipular a otros.

3) *Testificar* siendo un ejemplo vivo de todo lo que hablamos y enseñamos. Esta es la enseñanza más poderosa que podemos compartir.

Tener una fuerte convicción acerca de la Palabra de Dios es la base para una vida de buena influencia espiritual, la cual, se verá reflejada en nuestra conducta. Cuando hemos pasado tiempo en su Palabra, recibimos influencia de Dios mismo, y a su vez, nosotras podemos ser un reflejo de Su verdad.

Somos maestras.

No solamente somos de influencia y ejemplo para otros, también con nuestras vidas enseñamos a otros, somos maestras de alguien más. Por ejemplo: una madre es maestra de sus hijos, una abuela es maestra de sus nietos, una mujer mayor en el evangelio es maestra de una mujer que apenas inicia su andar en Cristo. Esto significa que somos llamadas a derramar nuestras vidas en otras personas, a fin de ser un modelo para seguir enseñando la verdad que se encuentra en la Palabra de Dios.

Una mujer de influencia

"Las ancianas asimismo sean reverentes en su porte; no calumniadoras, no esclavas del vino, maestras del bien; que enseñen a las mujeres jóvenes a amar a sus maridos y a sus hijos, a ser prudentes, castas, cuidadosas de su casa, buenas, sujetas a sus maridos, para que la palabra de Dios no sea blasfemada"

(Tito 2: 3-5).

De la misma manera, tú y yo necesitamos entender esto: somos una anciana (una maestra) para alguien más joven, es nuestra responsabilidad mostrar con el ejemplo y con enseñanza, los principios bíblicos para la vida. Esto no significa que necesitas tener una edad mayor a cincuenta o sesenta años para ser una anciana, una maestra del bien. Ya eres una maestra para alguien, solo observa a tu alrededor y te darás cuenta de que hay personas más jóvenes que tú que te están siguiendo. Por eso, es muy importante que seamos conscientes de la responsabilidad que tenemos con la siguiente generación.

Es importante entender que eres una joven (una aprendiz) de alguien mayor. Quizá eres una joven para tu abuela, para tu madre o para una hermana mayor en tu congregación; y es tu responsabilidad buscar y aprender del buen ejemplo de mujeres mayores, mujeres que pueden compartir, con su vida y con su enseñanza, principios bíblicos para tu vida. Todas podemos aprender unas de otras, acércate a una mujer mayor para aprender y a una mujer más joven para enseñar.

Desde mis primeros años de cristiana, el Señor me ha puesto cerca de mujeres que son maestras del bien. Conocí a Cristo a la edad de catorce años, quizá sea la edad más difícil para acercarse a los caminos de Dios, pero estoy convencida que Él es Soberano y ya tenía un plan y una voluntad para mí. Mi mamá, mi hermana y yo conocimos a Cristo como nuestro Salvador casi al mismo tiempo, mi mamá llegó primero a los pies de Cristo y, una semana después, me invitó a la iglesia. Conocimos a Cristo en una pequeña reunión de la Misión Bautista Jericó, allí nos reuníamos y crecimos espiritualmente.

Asistíamos a la reunión de la femenil, a la cual asistían las mujeres casadas para aprender acerca de temas del hogar, de la familia y del rol bíblico de las mujeres; aunque yo era una joven soltera de catorce años, me gustaba asistir a la reunión femenil con mi mamá. Creo que tuve a las mejores maestras del bien que me enseñaron el evangelio, no solamente con los pasajes bíblicos que nos compartían cada semana, sino también con sus vidas que reflejaban la bondad y el amor de Dios.

A estas reuniones también asistía mi mejor amiga, Norma, las dos éramos solteras, y juntas íbamos a estas reuniones de mujeres. Unos meses después de conocer a Cristo, Norma y yo nos entrenamos como maestras de niños y así comenzó mi crecimiento espiritual. Con el paso del tiempo, mi pastor, quien era un joven soltero —y tan apuesto, por cierto— nos hicimos muy buenos amigos, nos gustaba platicar de temas relacionados con la Biblia y el ministerio, le platicaba de lo emocionada que estaba con mis clases para ser maestra de niños.

Después de ser buenos amigos y de disfrutar de las reuniones de jóvenes, en febrero de 1995, iniciamos nuestro noviazgo; creo con todo mi corazón que Dios ya tenía un plan para nuestras vidas, solo nos fuimos alineando a Él, y así fue como, a la edad de dieciséis años, iniciaba una relación de noviazgo con mi joven pastor. Sabía que iba al ministerio, no me asustaba, al contrario, era una respuesta a la oración que le hice a mi Señor, pues, cuando cumplí los dieciséis años, me rendí al llamado de servir a Cristo para que Él hiciera en mí su voluntad, no alcanzaba a imaginar todo lo que el Señor haría, pero con fe, me entregué a su servicio. Definitivamente, solo el Señor pudo juntar nuestras vidas y estoy tan agradecida por esta bendición.

Después de tres años de noviazgo, Rogelio y yo unimos nuestras vidas en matrimonio el 3 de abril de 1998 y a la edad de diecinueve años me convertí en la esposa del pastor de la Iglesia Bautista Jericó, aunque era muy joven, tomé con responsabilidad y con pasión el llamado que el Señor tenía ahora para nuestras vidas.

Las reuniones de las mujeres eran un deleite para mí, cada martes a las 4:00 pm nos reuníamos un grupo de mujeres en el templo y pasábamos un buen tiempo juntas, aprendiendo de la Palabra de Dios; recuerdo que venían pequeños grupos de mujeres de la Primera Iglesia Bautista Misionera (nuestra iglesia madre) y nos apoyaban con la enseñanza de la Palabra. Eran días muy edificantes y de compañerismo, al final de las reuniones, platicábamos alrededor de una mesa con una pequeña merienda. Así fue como el ministerio de las mujeres se convirtió en mi llamado y mi pasión, y desde aquel entonces hasta el día de hoy, he estado rodeada de tantas mujeres.

Dios ha guiado mi vida a muchas mujeres y ha extendido este ministerio de una forma que ya no se puede cuantificar. El ministerio crecía tanto que necesité aprender de otras mujeres. Hace aproximadamente dos años, sentí la soledad en el liderazgo, tuve la necesidad de una anciana, una mentora, una mujer mayor que yo, a quien pudiera hacerle preguntas del ministerio y de quien pudiera aprender al escuchar sus experiencias.

Oré a mi Señor y, poco a poco, me acercó a dos mujeres mayores que yo, Linda y Ruth son mujeres con vidas que reflejan el evangelio, con ministerios de gran bendición e impacto en la ciudad, una de ellas con sus hijos y nietos sirviendo al Señor. Ellas son maestras de bien que admiro; le doy gracias a Dios por sus vidas; nos reunimos en algunas ocasiones para platicar y tomar un café, mientras conversamos, les hago preguntas acerca de situaciones difíciles del ministerio y en sus respuestas, puedo ver que son mujeres sabias porque sus consejos son basados en la Palabra de Dios y respaldados por su vida de testimonio.

La tendencia es pasar tiempo con mujeres de nuestra misma edad, y eso es bueno, pero también debemos considerar que hay mujeres mayores que nosotras, llenas de sabiduría y de experiencia, que nos pueden ayudar en nuestro caminar con Dios. Todas podemos ser una mentora o una aprendiz para alguien más, y es un gozo saber que nuestras vidas pueden ser de impacto hasta la eternidad. Muchas veces no alcanzamos a visualizar hasta dónde llegará nuestra influencia.

Tu influencia puede ser positiva o negativa.

Ahora que hemos entendido que todas somos mujeres de influencia por el simple hecho de vincularnos con otras personas, es importante saber que nuestra influencia puede ser positiva y buena para los que nos rodean, o puede ser negativa y dañina.

Es muy sencillo:

La influencia positiva ayuda a otras personas a crecer y ser mejores personas.

La influencia negativa impide crecer y es dañina.

La influencia positiva

Si queremos influir positivamente en la vida de otras personas, es necesario guardar nuestra conducta delante de Dios y delante de los demás. Si queremos influenciar a otros y bendecir sus vidas, necesitamos ser fieles en nuestras convicciones. Hay formas en las que podemos ser de influencia positiva, por ejemplo:

Teniendo una buena conducta:

"Así alumbre vuestra luz delante de los hombres, para que vean vuestras buenas obras, y glorifiquen a vuestro Padre que está en los cielos"

(Mateo 5:16).

Nuestra conducta debe enseñar a otros cómo obedecer a Dios.

Usando palabras con gracia:

"Sea vuestra palabra siempre con gracia, sazonada con sal, para que sepáis cómo debéis responder a cada uno"

(Colosenses 4:6).

Nuestras palabras sean rectas, agradables y llenas de gracia a los que nos escuchan.

La gracia se trata de un regalo no merecido, así son las palabras con gracia, son expresiones que bendicen a quien las reciben, aunque no lo merezcan. Regularmente sentimos que somos las encargadas de la justicia, o bien, que debemos responder según nos hablen. Pero Dios nos llama a que nuestras palabras sean con gracia, es decir, palabras que puedan llevar a una persona a buscar a Dios, a crecer espiritualmente, a sentirse amada.

El texto dice: *"para que sepáis responder a cada uno"*. Una de las partes más difíciles al hablar es cómo vamos a responder. A veces no sabemos responder cuando alguien nos hace un halago, mucho menos cuando alguien nos ha ofendido. Si yo tengo en mente que Cristo derramó su gracia sobre mí, mis palabras para los demás, serán como ese regalo que no merecía.

Amando al prójimo:

"Jesús le dijo: Amarás al Señor tu Dios con todo tu corazón, y con toda tu alma, y con toda tu mente. Este es el primero y grande mandamiento. Y el segundo es semejante: Amarás a tu prójimo como a ti mismo"

(Mateo 22:37-39).

Toda la enseñanza de la Biblia se resume en estos dos mandamientos: Ama a Dios y ama a tu prójimo.

El amor es la evidencia más grande de la presencia de Dios, pues Dios es amor. ¿Cómo mostró Dios su amor por nosotras? Dando lo más valioso, se dio a sí mismo; se encarnó y se hizo hombre por nosotras. Cuando Dios nos pide que amemos a nuestro prójimo, ¿qué es lo que nos está pidiendo? que, por amor, demos o entreguemos aquello que para nosotras es valioso, que sea de bendición para quien lo necesita.

Reconociendo que necesitamos a Dios cada día:

"He guardado tus mandamientos y tus testimonios, Porque todos mis caminos están delante de ti. Llegue mi clamor delante de ti, oh Jehová; Dame entendimiento conforme a tu palabra"

(Salmo 119:168-169).

En Su Palabra encontramos la sabiduría que necesitamos para vivir día a día; la Biblia no es cualquier libro, es la Palabra de Dios hablando directamente a mi vida. Debemos meditar en ella, orar pidiendo entendimiento para tomar decisiones sabias que vayan de acuerdo con su voluntad.

Vivir con propósito nos ayudará a ser responsables al transmitir las verdades espirituales a otras personas, no dejando que se nos pasen los días, sino siendo intencionales al dejar un legado de vida a la siguiente generación, mediante el firme propósito de que todas podamos dar la gloria a nuestro Señor Jesucristo con nuestra manera de vivir. Cuando nuestro propósito de vida es glorificar a Dios, la influencia que ejercemos puede ser poderosa y positiva, sin embargo, si el propósito de glorificar a Dios no está en nosotras, es muy probable que nuestra influencia tienda a ser destructiva.

La Influencia negativa

La Biblia nos advierte acerca de las fuentes de una influencia negativa. Si no las sabemos detectar, pueden dañar nuestra vida. Algunos de los ejemplos de influencia negativa son:

La presión de amistades que no edifican:

"Hijo mío, si los pecadores te quisieren engañar, No consientas"

(Proverbios 1:10).

Escoger mal a nuestros amigos nos puede llevar a caer en situaciones que nunca nos hubiéramos imaginado, su influencia puede ser tan fuerte que nos arrastre al mal. Debemos enseñar a nuestros hijos a escoger sus amistades; a elegir personas que tengan principios bíblicos en su manera de vivir. Enseñarles a ser buenos amigos, a ser de influencia positiva, de tal manera que las tinieblas huyan ante la luz de sus buenas obras.

La presión negativa de los padres.

"antes dije en el desierto a sus hijos: No andéis en los estatutos de vuestros padres, ni guardéis sus leyes, ni os contaminéis con sus ídolos"

(Ezequiel 20:18).

Todos recibimos influencia de nuestros padres y todos seremos de influencia para nuestros hijos, pero ¿qué clase de influencia es la que recibimos?

Debemos ser muy conscientes de los principios que Dios nos enseña en su Palabra para detectar toda conducta aprendida de nuestros padres que vaya en contra de los que el Señor nos enseña en Su Palabra. Al estudiar y obedecer la Biblia, nuestro entendimiento es renovado, y esta renovación nos ayudará a quitar los patrones de conducta aprendidos desde la niñez que van en contra del estándar del Padre para nosotras.

La presión de los medios de comunicación

"Tus ojos miren lo recto, Y diríjanse tus párpados hacia lo que tienes delante. Examina la senda de tus pies, Y todos tus caminos sean rectos"

(Proverbios 4:25-26).

Cada día recibimos influencia de la televisión, la radio, los videojuegos, el internet, y cualquier otro medio de comunicación, estamos muy expuestas a recibir influencia negativa de estos; debemos ser muy sabias para discernir lo que es bueno y lo que no es. ¿Cómo podemos hacer esto?

Estableciendo límites con base en las convicciones que establecemos en nuestras vidas por medio de la Biblia. Por ejemplo, estableciendo horarios y tiempos de uso de los dispositivos, poniendo reglas de qué ver y qué no ver, para así, evaluar todo aquello que nos pueda desviar o crear adicción.

La presión de la sociedad:

"Porque todo lo que hay en el mundo, los deseos de la carne, los deseos de los ojos, y la vanagloria de la vida, no proviene del Padre, sino del mundo"

(1 Juan 2:16).

La palabra de Dios nos advierte que este mundo está en tinieblas, bajo la influencia de Satanás, quien tratará de llevarnos a los malos deseos, a la ambición y al orgullo de poseer riquezas. Nosotras estamos en este mundo, pero no somos del mundo. Somos la luz en medio de las tinieblas y debemos resistir la presión de la sociedad que va en contra de los principios de Dios.

¿Cómo usarás tu influencia?

La clave para ser una mujer de influencia no depende de tu nivel académico o la posición económica que puedes tener, tampoco depende de la posición social que hayas alcanzado. Si tu anhelo es ser una mujer de buena influencia, solo tienes que poner tu confianza y tu dependencia en Dios.

"Así que, si todo tu cuerpo está lleno de luz, no teniendo parte alguna de tinieblas, será todo luminoso, como cuando una lámpara te alumbra con su resplandor."

(Lucas 11:36).

¿Cómo nuestro cuerpo pudiera estar lleno de luz? Nuestro cuerpo tiene unas "ventanas", que son los ojos, por donde puede entrar la luz de Cristo, Su Palabra, e iluminar todo nuestro interior, como aquella mujer que encendió una lámpara para buscar una moneda que se le había perdido. Hoy puedes buscar en tu interior el valioso propósito que Dios tiene para ti utilizando la luz maravillosa de la Palabra de Dios.

Solo Dios puede trabajar en nosotras para vivir de acuerdo con su propósito. Las personas que están a nuestro alrededor nos están observando detenidamente. Sea que nos agrade o no, los estamos influenciando. Como hijas de Dios hemos recibido la instrucción de impactar sus vidas para bien, para que lleguen a conocer y seguir a Jesús por medio de nuestra manera de vivir.

"Pues antes ustedes estaban llenos de oscuridad, pero ahora tienen la luz que proviene del Señor. Por lo tanto, ¡vivan como gente de luz!"

(Efesios 5:8 NTV).

Al aprender estos principios, necesitamos escoger vivir como una persona de luz, de lo contrario, las tinieblas de este mundo nos invadirán, ya que la influencia del mundo es tan fuerte y está presente todos los días, tenemos el reto de escoger andar en luz. Somos mujeres de influencia, la pregunta para ti y para mí es: ¿Cómo la usaremos? Puedes escoger ser una mujer de influencia bajo el diseño de Dios y exaltar su nombre, o puedes dejar que la influencia del mundo te invada y te arrastre en contra del propósito de Dios. Recuerda que muchos nos observan, tenemos la responsabilidad de influir a la siguiente generación.

Decide ser una mujer de buena influencia.

CAPÍTULO 2:

LA SAL QUE DA SABOR

El agua del mar es muy salada, si la has probado, te darás cuenta de que es imposible tomarla. Pero, realmente, el sabor del agua del mar proviene de las rocas que se encuentran sobre la tierra, el agua del mar va descomponiendo poco a poco las rocas que están dentro de él, y estas van dejando pequeños fragmentos de sí mismas que, al consumirlas junto con el agua, provocan el sabor salado del agua de mar.

"Ustedes son la sal de la tierra. Pero ¿para qué sirve la sal si ha perdido su sabor? ¿Pueden lograr que vuelva a ser salada? La descartarán y la pisotearán como algo que no tiene ningún valor"

(Mateo 5:13 NTV).

Este es uno de los pasajes que mejor representa lo que es ser de influencia. Jesús estaba con sus discípulos, se sentó a la ladera de la montaña y comenzó a enseñarles y les dijo: Ustedes son *"la sal de la tierra"*. Esta comparación que Jesús utiliza describe cómo debemos influir en la sociedad que nos rodea. Lo que nosotras somos (el carácter), lo que hacemos (las acciones) y lo que decimos (las palabras), puede compararse con la función y el efecto de la sal. Veamos cómo es esto.

¿Qué importancia tiene la sal en nuestra vida?

Es muy necesaria, por ejemplo, al preparar un platillo, podremos tener la mejor receta, con los ingredientes de más alta calidad y cocido a la temperatura necesaria; pero si le faltó la sal, ¡si sólo le faltó sal! es muy probable que el platillo no sirva. Puede ser hermoso a la vista, pudiéramos servirlo sobre una losa de porcelana, pero sino tiene sabor, no es exquisito para comer. También, para ser útil, la sal debe estar en contacto con los alimentos, de nada sirve la sal dentro de un salero, es por eso el Señor nos llama a ser la sal de la tierra, por tal motivo, es necesario estar en contacto con la gente para influirles con la verdad, porque de nada sirve si nos apartamos de las personas o nos encerramos en nuestro círculo social.

Vivimos en este mundo frío y egoísta, pero cuando tú y yo reflejamos el carácter de Cristo, actuamos como Cristo lo haría, bendecimos con nuestras palabras, es como dar un buen sabor a este mundo; de esta forma, dejamos un testimonio en el corazón de las personas y se abre una puerta para que la gente escuche el evangelio.

El sabor de tu carácter

"presentándote tú en todo como ejemplo de buenas obras; en la enseñanza mostrando integridad, seriedad, palabra sana e irreprochable, de modo que el adversario se avergüence, y no tenga nada malo que decir de vosotros"

(Tito 2:7-8).

En este pasaje, el apóstol Pablo instruye a Tito, un joven pastor, a ser un ejemplo de buenas obras, mostrando el carácter de Cristo. Nosotras como mujeres de influencia también somos llamadas a reflejar quiénes somos en Cristo.

Así como la sal, la integridad se demuestra cuando se pone a prueba. En el momento de las tentaciones que este mundo ofrece, podemos enseñar a otros a hacer el bien, y a hacerlo con seriedad y honestidad, hablando lo que es bueno, así los que nos critican quedarán avergonzados al no poder hablar mal de nosotras. Esta es nuestra responsabilidad al ser la sal de la tierra. Quizá el reto parezca muy grande, pero cuando una mujer decide ser de influencia para la gloria de Dios, puede cambiar una comunidad.

Cuando tenemos el carácter de Cristo, también tenemos otra perspectiva de lo que nos sucede, porque hemos aprendido que pase lo que pase, Dios está en control de todas las cosas; saber esto nos ayuda a hacer frente al sufrimiento con esperanza, a entender que el momento de dolor es un proceso de perfección en las buenas manos de Dios y que, al final, Él nos dará un carácter piadoso.

Cuando tenemos el carácter de Cristo aprendemos a depender totalmente de la provisión del Señor. Por ejemplo, quizá uno de los momentos difíciles para una familia es cuando el esposo pierde su trabajo, pero cuando hemos aprendido a confiar en la provisión de Dios, podemos tener paz aun en esos momentos, porque sabemos que Dios no nos dejará sin el sostén necesario, Él es fiel y confiamos en sus promesas.

Esto no es normal para el mundo frío y egoísta en el que vivimos, no es normal para una persona que vaga en este mundo sin Cristo. En estas circunstancias, es en las que somos la sal que da sabor. Tu carácter demostrará quién eres y de quién dependes; los que te rodean tendrán sed de conocer por qué disfrutas de una paz y gozo sobrenatural, será la oportunidad de hablarles de nuestro Señor y Salvador Jesucristo. Por nuestro carácter, ellos serán atraídos a quien dio su vida y los amó también. ¡Qué maravilloso privilegio tenemos de ser la sal de este mundo!

El sabor de tus acciones

Una vez que reflejas el carácter de Cristo, podemos preservar el testimonio de los hijos de Dios en esta tierra, andando en pureza y santidad que son contrarias al andar pecaminoso de este mundo. En los tiempos antiguos, la sal se usaba para preservar algunos alimentos. No soy experta en esto, pero encontré que la sal al ser deshidratante absorbe la humedad del alimento. Como las bacterias que causan la putrefacción necesitan de humedad para desarrollarse en los alimentos, la sal retrasa la fermentación del producto. Así como la sal preserva los alimentos, cuando nuestra vida refleja la pureza y la santidad de Dios, detiene el proceso de descomposición de este mundo.

Otra de las cosas que también descubrí es que la sal puede perder su sabor. La sal también puede entrar en un proceso de descomposición cuando se corrompe, pierde su sabor y ya no sirve. así nosotras, si comenzamos a participar de las cosas de este mundo, nos corromperemos en pecado. Nos pasará lo mismo que con la sal cuando se corrompe y pierde su sabor, perdemos la utilidad y la razón de ser.

El Señor Jesús también nos dejó una enseñanza acerca de esto en Mateo 5:13: *"Ustedes son la sal de la tierra. Pero ¿para qué sirve la sal si ha perdido su sabor? ¿Pueden lograr que vuelva a ser salada? La descartarán y la pisotearán como algo que no tiene ningún valor"*.

En los tiempos bíblicos, cuando era invierno y las calles se cubrían de hielo, la sal que ya no servía era tirada por las calles para derretir el hielo y terminaba pisoteada. La sal dejaba de ser algo de mucho valor (porque la sal llegó a ser una forma de pago para los romanos, de ahí viene la palabra salario) al corromperse, y era desechada. El propósito de ser la sal del mundo es lograr que nuestras acciones reflejen una nueva manera de vivir y dirijan la atención de las personas a Jesús para salvación.

El sabor de tus palabras

La sal también tiene propiedades curativas, de ahí proviene la palabra salud. Al desarrollar el carácter de Cristo, nos daremos cuenta de que nuestras palabras pueden influir a otros. El apóstol Pablo, exhortando a los hermanos de Colosas, les dijo:

"Sea vuestra palabra siempre con gracia, sazonada con sal, para que sepáis cómo debéis responder a cada uno"

(Colosenses 4:6).

Esta es una analogía muy simple; vemos que la sal hace que el alimento sea exquisito, agradable al paladar. Así deberían ser nuestras palabras, suaves y amables, que sean un deleite a los que escuchan. ¿Cuántas de nosotras solo hablamos y hablamos sin prestar cuidado a lo que estamos diciendo, sin preguntarnos si estamos edificando, alentando o destruyendo a una persona con nuestras palabras? Es tan fácil pecar con la lengua. En el libro de Santiago, se nos advierte que las palabras que decimos pueden ser como el fuego, que nuestra lengua tiene mucho poder para hacer el mal.

Por eso nos dice que cuidemos nuestras palabras, "sean siempre con gracia". Necesitamos la gracia de Dios para sazonar nuestras palabras de una manera apropiada, para hacerla apetecible a los que nos escuchan. No alcanzamos a imaginar cómo una palabra oportuna, un sabio consejo, una palabra amable o de esperanza, puede influir en otros.

> Elige ser una mujer de influencia, que da sabor a este mundo.

CAPÍTULO 3:

DEJA BRILLAR TU LUZ

"Ustedes son la luz del mundo, como una ciudad en lo alto de una colina que no puede esconderse. Nadie enciende una lámpara y luego la pone debajo de una canasta. En cambio, la coloca en un lugar alto donde ilumina a todos los que están en la casa."

(Mateo 5:14-15 NTV)

Como mencionaba anteriormente, una de las cosas que más disfruto es ir de vacaciones con mi familia al mar, disfruto mucho pasar tiempo ahí, contemplando la belleza del océano y escuchando el sonido de las olas. Hay una playa en particular que considero mi favorita solamente por la puesta del Sol, pues su ubicación hace que el atardecer sea de los más hermosos que he visto, esta playa está en Puerto Vallarta, allí, los atardeceres son maravillosos; el paisaje que se puede admirar al caer el Sol en el horizonte tiene una belleza indescriptible. Los colores oro brillante y escarlata que se derraman sobre un cielo azul revelan la grandeza del Dios que tenemos.

Esto me hace recordar que la Biblia llama a Jesús el "Sol de Justicia", Él es la luz del mundo, y cuando nos dice que nosotros somos la luz del mundo no es que tengamos nuestra luz propia. Más bien, nos dice que dejemos que su luz se refleje en nuestras vidas. No es hasta que nuestros corazones están en una íntima comunión con Dios, que somos capaces de reflejar su luz a este mundo.

Jesús es la luz del mundo

"Otra vez Jesús les habló, diciendo: Yo soy la luz del mundo; el que me sigue, no andará en tinieblas, sino que tendrá la luz de la vida"

(Juan 8:12).

En este pasaje, Jesús está afirmando que Él es la luz, Él es la fuente de vida, no es una luz temporal, sino una luz eterna. Y todo el que le sigue no andará en tinieblas, no tendrá que caminar en la oscuridad de este mundo. En Juan 12:46, nuevamente, Jesús menciona: *"Yo, la luz, he venido al mundo, para que todo aquel que cree en mí no permanezca en tinieblas"*.

El mundo está en tinieblas

Por causa del pecado, este mundo vive en oscuridad; y nosotras cada día batallamos contra esta oscuridad, ya sea en nuestros corazones, en nuestros hogares o en el mundo. Ser luz del mundo es una realidad basada en la relación con Jesucristo; somos luz, porque Cristo, la luz verdadera, vive en nosotras, y brillará para que otros puedan verlo a través de nosotras.

Por medio de su Espíritu Santo podemos manifestar el fruto: amor, gozo, paz, paciencia, benignidad, bondad, fe, mansedumbre y templanza, que son las evidencias de una verdadera hija de Dios. Si decidimos practicar el pecado, nuestra luz se apagará y daremos un mensaje falso de Dios, pues no mostraremos su Santidad. Esto no quiere decir que no vamos a pecar ya que estamos en una lucha constante contra el pecado, quizá vamos a fallar, pero recuerda que hemos sido justificadas y perdonadas en Cristo.

Al reconocer que hemos pecado, y nos arrepentirnos, podemos reflejar su luz nuevamente. Otro aspecto que debemos cuidar es no buscar nuestra propia gloria. El Señor nos ayuda y hace cosas maravillosas en nosotras, por medio de Su Espíritu Santo, pero eso no quiere decir que yo pueda tomar el crédito de lo que el Señor ha hecho, todo es (y debe ser) para su gloria.

La luz disipa la oscuridad

"El pueblo que andaba en tinieblas vio gran luz; los que moraban en tierra de sombra de muerte, luz resplandeció sobre ellos"

(Isaías 9:2).

Esta es una profecía acerca de Cristo y de su reino, describe una gran luz que influiría a todos. Esto que voy a compartir quizá es algo muy común, pero trae una gran aplicación a nuestras vidas. Antes del amanecer, la ciudad está en tinieblas, hay completa oscuridad; pero cuando el sol comienza a salir, las tinieblas se van. No pueden estar la luz y las tinieblas un mismo lugar. Así es la presencia de Dios en la vida del creyente, no puede haber una vida de pecado y una vida de santidad en un mismo cuerpo. Cuando entendamos esto, seguiremos la santidad y la luz de Cristo brillará en nosotras; y cuando esto sucede, las tinieblas de nuestro alrededor comienzan a disiparse, porque la luz echa fuera las tinieblas y aquí vemos nuevamente la influencia de una creyente que decide andar en la luz de Cristo.

Jesús quiere brillar a través de ti para mostrar quién es Dios.

En el pasaje donde Jesús nos pide ser la luz del mundo, termina diciendo:

"Así alumbre vuestra luz delante de los hombres, para que vean vuestras buenas obras, y glorifiquen a vuestro Padre que está en los cielos"

(Mateo 5:16).

Lo que Jesús dice, es que dejemos que nuestras buenas acciones brillen a la vista de todos. ¿Sabías que puedes hacer brillar la luz de Cristo con las buenas obras de amor que haces para los demás? También nos dice el propósito: para que glorifiquen a nuestro Padre que está en los cielos, o bien, que todos alaben a Dios como su Padre Celestial. Cristo trajo una luz de esperanza cuando vino a este mundo, y volveremos a ver esa luz física en su Segunda Venida, en Apocalipsis 22:16, Jesús dice: *"Yo soy la raíz y el linaje de David, la estrella resplandeciente de la mañana"*.

Me gusta pensar que Cristo viene pronto y que, el día que venga otra vez, llenará el cielo con una luz tan brillante que todos se postrarán y adorarán. Un día, Él será nuestra luz y no necesitaremos otra luz que no sea Cristo mismo.

Elige ser una mujer de influencia, que brilla en las tinieblas de este mundo.

SEGUNDA PARTE
EL CARÁCTER DE UNA MUJER DE INFLUENCIA

En la segunda parte conoceremos lo que es el carácter de una mujer de influencia, tomando el ejemplo bíblico mencionado en la carta de Tito.

"Las ancianas asimismo sean reverentes en su porte; no calumniadoras, no esclavas del vino, maestras del bien; que enseñen a las mujeres jóvenes a amar a sus maridos y a sus hijos, a ser prudentes, castas, cuidadosas de su casa, buenas, sujetas a sus maridos, para que la palabra de Dios no sea blasfemada".

(Tito 2:3-5)

Conoceremos los principios bíblicos que nos ayudarán a ser de influencia a otras mujeres, con el propósito de honrar a Dios y a su Palabra.

CAPÍTULO 4:

UNA MUJER DE INFLUENCIA, RECIBE EL AMOR DE DIOS Y AMA A OTROS

*"que (las ancianas) enseñen a las mujeres jóvenes a **amar a sus maridos y a sus hijos**"*

(Tito 2:4).

Dios desea que seamos mujeres de influencia, hemos aprendido que esa capacidad de ser buena influencia proviene únicamente de Él. Hay un pasaje de la Escritura, el cual habla del rol de las mujeres de una manera clara y práctica:

"Las ancianas asimismo sean reverentes en su porte; no calumniadoras, no esclavas del vino, maestras del bien; que enseñen a las mujeres jóvenes a amar a sus maridos y a sus hijos, a ser prudentes, castas, cuidadosas de su casa, buenas, sujetas a sus maridos, para que la palabra de Dios no sea blasfemada".

(Tito 2:3-5)

En este pasaje, el apóstol Pablo señala que las mujeres mayores tienen la responsabilidad de enseñar a las más jóvenes a amar a su marido y a sus hijos; también nos muestra que las jóvenes tienen la necesidad de aprender a amarlos, pero ¿es necesario aprender a amar al esposo y a los hijos? ¿No se supone que es normal amarlos? La verdad es que sí necesitamos aprender del amor verdadero, porque vendrán momentos difíciles, momentos en los que nuestro amor será puesto a prueba y, consciente o inconscientemente, podemos ofender a los que más amamos; necesitamos aprender del amor sacrificial y eterno que solo proviene de Dios, para manifestarlo a nuestro esposo y a nuestros hijos.

Recibe el amor de Dios

Hay una frase muy conocida que dice: "no puedes dar lo que no tienes", es decir, que es muy difícil dar amor a otros, cuando aún no lo has recibido. Cuando hablamos del amor, algunas quizá pensemos en una de las escenas románticas de alguna película; en canciones bonitas, un gran ramo de rosas o una deliciosa caja con chocolates. Y todos estos quizá sean detalles muy especiales que damos o recibimos como una muestra de amor, pero la realidad es que el amor es algo más profundo, el verdadero amor es sobrenatural y proviene solamente de Dios. Esto lo aprendemos en 1 Juan 4:8: *"pero el que no ama no conoce a Dios, porque Dios es amor"*. Dios es amor; no solo entrega su amor, sino que Él es el amor.

"Porque de tal manera amó Dios al mundo, que ha dado a su Hijo unigénito, para que todo aquel que en él cree, no se pierda, más tenga vida eterna"

(Juan 3:16).

Otra versión traduce la oración "de tal manera amó Dios al mundo" como: "Pues Dios amó tanto al mundo". Dios no nada más nos amó, nos amó tanto, ¡Nos amó demasiado! Y, en su gran amor, estuvo dispuesto a *dar* a su único y amado Hijo, Jesucristo; lo entregó para darnos la salvación y la vida eterna por medio de su sacrificio en la cruz, para que *todo* aquel que crea en Él no se perdiera, sino que obtuviera la vida eterna. El abrió una puerta grande para todos, no para unos cuantos, sino para todos aquellos que ponen su fe en Él.

Realmente, nosotras no hemos hecho nada para merecer el amor tan grande de Dios, al contrario, hemos pecado constantemente, día tras día. A causa del pecado, nosotras merecemos un castigo, que es la separación de Dios, y una condenación eterna. Sin embargo, Dios envió al Salvador que tú y yo necesitábamos para reconciliarnos con Él, si nos arrepentimos de nuestros pecados y le reconocemos como nuestro Salvador, entonces podremos recibir y dar del amor que proviene de Él.

Me gustaría que nos detuviéramos un momento a pensar si hemos tenido un encuentro personal con Jesucristo, porque, si queremos ser verdaderamente de influencia necesitamos la presencia de Dios en nuestras vidas todo el día, todos los días. Dios desea ser el Señor y Salvador de tu vida, Jesucristo entregó su vida por amor a ti, y su Espíritu Santo es el que, en este momento, se manifiesta en tu vida para que puedas entender esta verdad.

Si nunca has entregado tu vida a Jesucristo para que sea tu Señor y Salvador, te invito a que lo hagas hoy. El precio de tu salvación ya está pagado, Cristo, con su sangre derramada en la cruz, pagó por nuestros pecados, es un regalo dado por gracia; solo tienes que recibirlo con fe y en oración.

Si es tu decisión rendir tu vida a Cristo, haz la siguiente oración, creyendo con todo tu corazón que Dios te escucha:

Amado Dios,

Tú amaste tanto al mundo, que diste a tu Único Hijo para morir por nuestros pecados, para que todo aquel que crea en Ti, no se pierda, sino que tuviera vida eterna.

Tu Palabra dice que somos salvos por gracia, por medio de la fe; que es un regalo tuyo. No hay nada que yo pueda hacer para ganar la salvación. Yo hoy creo y confieso que Jesucristo es mi Salvador. Yo creo que Él murió en la cruz por mí y ha pagado el precio de todos mis pecados, con su sangre derramada en la cruz. Y creo, también, que Él resucitó y vive para siempre.

Te pido que perdones todos mis pecados. Me arrepiento de ellos, creo en Jesucristo como mi Señor y hoy lo recibo en mi corazón. De acuerdo con tu Palabra, ¡soy salva, y desde hoy estaré contigo por la eternidad!

Gracias, Amado Padre. En el Nombre de Jesús. Amén.

Sea que hayas hecho esta oración hoy o que ya la hayas hecho antes, tener la seguridad de que somos amadas por Dios y que su amor es eterno e incondicional (no depende de lo que yo haga o deje de hacer), nos llenará de seguridad y confianza. Este es el tipo de amor que necesitamos en nuestras vidas, un amor incondicional, que no depende de lo que los demás hagan o dejen de hacer; es un amor con decisión. Vendrán momentos difíciles en nuestras relaciones con los que nos rodean; quizá no pueda decirte con certeza qué tan difíciles serán, pero es seguro que vendrán, sin embargo, recordar y vivir el amor que hemos recibido de Dios nos ayudará a amar y perdonar, así como hemos sido amadas y perdonadas por Él.

Aprende a amar

Hay un capítulo hermoso en la Biblia que nos habla acerca del amor. Es muy conocido, pero quizá muy poco practicado. Este pasaje se encuentra en la primera carta a los Corintios, en el capítulo 13, y nos enseña algunas maneras prácticas en las que podemos reflejar el verdadero amor:

"El amor es sufrido, es benigno; el amor no tiene envidia, el amor no es jactancioso, no se envanece"

(v.4).

El amor es sufrido — ¿Qué tanto estás dispuesta a entregar?

Es benigno — ¿Puedes ser bondadosa sin esperar algo a cambio?

El amor no tiene envidia — ¿Dejarías de compararte con otros?

El amor no es jactancioso — ¿Dejarías de presumir tus logros?

No se envanece — ¿Harías a un lado tu orgullo?

Sahira de Macías

"no hace nada indebido, no busca lo suyo, no se irrita, no guarda rencor; no se goza de la injusticia, más se goza de la verdad"

(vv. 5-6).

No hace nada indebido — ¿Dejarías de hacer aquello que sabes que está mal?

No busca lo suyo — ¿Dejarías de exigir que las cosas se hagan a tu manera?

No se irrita — ¿Estarías dispuesta a ser amable aún en situaciones difíciles?

No guarda rencor — ¿Puedes perdonar y pasar por alto la ofensa?

No se goza de la injusticia, más se goza de la verdad — ¿Serías capaz de alegrarte siempre que la verdad triunfe, aun cuando la persona injusta eras tú?

"Todo lo sufre, todo lo cree, todo lo espera, todo lo soporta. El amor nunca deja de ser"

(vv. 7-8).

Todo lo sufre, todo lo cree, todo lo espera, todo lo soporta — ¿Lucharías por mantener la unidad y el amor en tu familia y con los demás?

El amor nunca deja de ser — ¿Quitarías de tu mente y de tu boca las palabras: divorcio, abandono o separación?

No es fácil amar de verdad, nadie ha dicho que lo es, la buena noticia es que podemos aprender a amar. Nuestro Dios, a través de su ejemplo, puede enseñarnos a amar de hecho y en verdad, este es el amor puro y verdadero; es el amor que proviene de

Dios. Cuando conocemos esta clase de amor y lo vivimos, dejamos de tener los ojos puestos solamente en lo que nosotras queremos y nos entregamos de *tal manera* que podemos *dar* sin esperar algo a cambio.

Ama a tu esposo

En el matrimonio, necesitamos esta clase de amor incondicional, un amor que se entrega sin esperar nada a cambio. En este tiempo, ha crecido el egoísmo y la falta de amor de pareja, hay un ataque constante en contra de los matrimonios, la palabra "divorcio" es cada vez más común, aun entre el pueblo cristiano. Recuerdo una tarde que iba manejando mi auto, y en el camino pude ver, al menos, tres letreros grandes en diferentes lugares que promovían el divorcio con frases como: *"¿Te urge divorciarte?"*, o *"Divorcio express en solo 45 días. Precio muy económico"*.

Les confieso que me dolió el corazón nada más de pensar que muchos matrimonios, en sus momentos de dificultad, recurren a la puerta fácil, a huir del matrimonio. ¿Cuántas personas habrán llegado a esos lugares en los momentos donde el verdadero amor es probado? La gran mayoría no están dispuestos a sacrificar el orgullo ni los intereses personales y egoístas por salvar su matrimonio. El matrimonio es una institución divina creada por Dios para permanecer juntos toda la vida. pero la corriente de este mundo quiere afectar a los matrimonios tratando de demostrar que eso no es verdad, que no existe el amor para toda la vida, y promueve cambiar de pareja si ya no te complace o no es lo que esperabas.

La Biblia habla acerca del divorcio. Una ocasión, los fariseos le preguntaron a Jesús si está bien permitir que un hombre se divorcie de su esposa, y Jesús les responde con otra pregunta: *"¿Qué dijo Moisés en la ley sobre el divorcio? Ellos dijeron: Moisés permitió dar carta de divorcio y repudiarla"*. Tras esta respuesta de los fariseos, Jesús les explica que ese mandamiento fue una concesión a la que se vio obligado a llegar por la dureza de su corazón y les recuerda que, desde el principio de la creación, Dios los hizo hombre y mujer para unirse en una sola carne, como dice en su Palabra: *"Lo que Dios juntó no lo separe el hombre" (Marcos 10:9)*. Es cierto que el divorcio sucede, pero eso no significa que sea el plan de Dios.

Los matrimonios están bajo ataque y necesitamos estar preparadas. El pecado del adulterio no entra de un solo golpe, al contrario, este va entrando poco a poco, paso a paso, hasta que es casi imposible huir. Hay algunos consejos que nos pueden ayudar a proteger nuestro matrimonio; como evitar tener una relación de amistad y conversación íntima con otro hombre que no sea nuestro esposo; aparentemente, no hay nada de malo en esto, pero ¡cuidado! Tu mejor amigo debe ser tu esposo, la persona que conoce tus sueños, tus alegrías y tus problemas debe ser él. No es sano que tengas conversaciones íntimas con otro hombre, porque es muy probable que poco a poco él desplace a tu marido. (Aunque ahora no lo creas posible, así será).

También debemos cuidar el uso de las redes sociales, seamos intencionales en dar un buen uso al celular y a la computadora. No nos dejemos llevar hacia actos que conducen al pecado. Honra la pureza sexual dentro del matrimonio. Hoy las parejas unen sus vidas, pero no quieren casarse, porque, según ellos, no quieren divorciarse. Pero tener relaciones sexuales sin casarse es fornicación, es pecado. El matrimonio es un diseño de Dios, es maravilloso cuando se disfruta bajo el propósito por el que fue creado.

Es cierto que, en el matrimonio, a veces las cosas no serán tan agradables. Por eso necesitamos el amor y la gracia de Dios, para ver a nuestro esposo a través de Cristo, y así poder amarlo de una manera incondicional, así como Cristo nos amó. Pero quizá tú, que estás leyendo el libro, eres una joven soltera en una relación de noviazgo. Te invito a que ores por tu futuro esposo, y que el Señor te enseñe a amar verdaderamente, bendice tu futuro matrimonio en oración. Por otro lado, si tú eres una joven soltera y aún no tienes novio, te invito a que ores por él y aprendas a esperar en Dios, confía en que Dios ya tiene preparado un buen hombre que te amará y que tú respetarás. Busquemos siempre su voluntad.

Amando a nuestros hijos

Luego de aprender a amar a nuestro esposo, también necesitamos aprender a amar a nuestros hijos. La Biblia, en el Salmo 127 nos dice que los hijos son un regalo del Señor, una recompensa de su parte; son como flechas en manos del valiente, dirigidas para cumplir los propósitos para los cuales Dios los envió a este mundo. Necesitamos amor, gracia y sabiduría de Dios para criarlos.

El pasaje nos dice que somos bienaventuradas, somos dichosas al tener nuestros hijos. Un día, ellos crecerán y tendrán que tomar la decisión de seguir a Jesús. Nosotras no podemos convertirlos a Cristo, tampoco podemos hacer algo para que se conviertan, esto es obra del Espíritu Santo, lo que sí podemos hacer es orar por ellos; podemos amarlos y así ser un reflejo del amor de Dios en sus vidas, para que un día, ellos lleguen a conocer a Cristo como su Señor y Salvador.

Si tú eres una joven soltera o una esposa que aún no tiene hijos, puedes invertir tu vida en mostrar tu amor a otros niños, puedes amar a tus sobrinos, a los niños de la iglesia o los niños que viven en tu misma calle. Todos los niños necesitan sentirse amados y valorados. Quizá tú puedas ser un instrumento de Dios para enseñarle el camino a Cristo. Ora por otros niños e invierte algo de tiempo en conocerlos y mostrarles tu amor.

Lo que aprendemos en este capítulo se resume en esto:

"Amados, si Dios nos ha amado así, debemos también nosotros amarnos unos a otros"

(1 Juan 4:11).

Escoge ser una mujer de influencia a la manera de Dios, recibiendo su amor y amando a los demás.

CAPÍTULO 5:

UNA MUJER DE INFLUENCIA, MEDITA EN LA PALABRA DE DIOS PARA SER PRUDENTE

*"que enseñen a las mujeres jóvenes a amar a sus maridos y a sus hijos, a **ser prudentes**…"*

(Tito 2:4-5)

Recuerdo con mucha emoción cada retiro de mujeres. En el retiro de noviembre de 2015, estudiamos esta porción de la Biblia, por lo que le llamamos al retiro: "Prudentes". Vestíamos nuestras hermosas camisetas color negro en las que, al frente, en color rosa fluorescente, decía: "Prudentes"; y solamente usar esta camiseta me hacía sentir responsable. ¡Imagínate el compromiso que implica ser reconocida como una mujer prudente! Fue un gran reto compartir esta enseñanza con las mujeres, después de ese tiempo de retiro con Dios, nuestras vidas no fueron las mismas. Cuando nos exponemos a la sabiduría de Dios, nos humillamos delante de Él y pedimos su ayuda, Él nos transforma para convertirnos en mujeres prudentes.

En este pasaje de Tito 2 dice: *"las ancianas enseñen a las más jóvenes a ser prudentes" (v. 4)*. La palabra que aquí se traduce como "prudentes" es el término griego "sophron" que significa discreta, moderada, templada, con dominio propio, sano juicio, sabia o disciplinada.

¡Cuánta necesidad tenemos las mujeres de ser prudentes! Cada día nos enfrentamos a situaciones donde necesitamos sabiduría para escoger lo correcto. Día a día tenemos que decidir si hablamos o callamos, si actuamos o, mejor, nos quedamos quietas. Para ser mujeres prudentes necesitamos sabiduría divina; necesitamos la sabiduría que proviene de la Palabra de Dios para pensar correctamente. Si tenemos una mente sana, nos dará un buen entendimiento para todas las áreas de la vida.

La necedad es lo opuesto a la prudencia

Un verso que nos muestra el contraste entre la sabiduría y la necedad está en Proverbios 14:1, que dice: *"La mujer sabia edifica su casa; Mas la necia con sus manos la derriba"*. Este versículo se relaciona con Tito 2, y nos presenta a la mujer sabia, quien es capaz de edificar o construir su casa, pero también nos habla de la mujer necia, capaz de derribarla o destruirla. En nuestras manos está ser una bendición para nuestra familia o hacerles daño. ¡Tenemos una gran responsabilidad! Es tan fácil caer en la necedad y pensar de manera equivocada, llevándonos a hacer daño a nuestro hogar y a otros en vez de edificarlos.

Como mujeres, tenemos la tendencia a ser emocionales, y esa es otra razón por la que necesitamos aprender a ser prudentes. Cuando somos necias, adoptamos conductas destructivas hacia los demás, tenemos prioridades equivocadas; perseguimos cosas que nos hacen desperdiciar nuestro tiempo, en lugar de tener un buen juicio sobre lo que Dios nos ha dado y las oportunidades que tenemos con aquellos a nuestro alrededor. Dios nos llama a vivir con prudencia, de manera sabia y con dominio propio.

La prudencia viene de la Palabra de Dios

En este tiempo, por medio de las redes sociales, internet y la tecnología, es tan fácil recibir información de todo tipo. Nuestro mundo va tan rápido y nos satura de distracciones que muchas veces desvían nuestra atención de la Palabra de Dios. No digo que estas sean malas, al contrario, nos ayudan a estar cerca de otros, o compartir información de una manera rápida; lo que quiero decir, es que podemos ser engañadas, pensar que el conocimiento y la sabiduría son lo mismo, y lo peor, es que a veces confundimos la información con la sabiduría.

La Palabra de Dios es la única fuente segura de sabiduría. El Salmista dijo: *"El temor del Señor es la base de la verdadera sabiduría; Todos los que obedecen sus mandamientos crecerán en sabiduría" (Salmos 111:10 NTV).* La verdadera sabiduría viene de Dios, por medio de su Palabra. Es a través de esta sabiduría que nuestros pensamientos son alineados con su voluntad, recibimos la gracia necesaria para ser mujeres prudentes. La buena noticia es que la sabiduría es un don (regalo) de Dios, Él puede darla si la pedimos con fe; esto lo dice la Biblia en Santiago 1:5: *"Pero si alguno de vosotros se ve falto de sabiduría, que la pida a Dios, el cual da a todos abundantemente y sin reproche, y le será dada".*

Cuántas veces le hemos dicho al Señor: "¡Ayúdame, no sé qué hacer!", poco a poco Él nos ha ido guiando en su Palabra la dirección a tomar. También podemos recordar momentos donde actuamos o hablamos sin pensar y dañamos a otros. Debemos reconocer que necesitamos a Dios y su sabiduría cada día, nuestra naturaleza es depender de nosotras mismas y pensar humanamente, pero corremos el riesgo de fracasar, sufrir las consecuencias de nuestras malas decisiones; no obstante, aprender a depender de la sabiduría de Dios nos ayudará a calmar nuestros temores, trae paz al espíritu afligido. Esto solamente Dios, por medio de su Palabra, puede hacerlo.

Algunas características de una mujer necia

Es difícil identificarnos a nosotras mismas como mujeres necias. Algunas veces, actuamos sin darnos cuenta. Para evaluar nuestras actitudes, a continuación, voy a compartir algunas características de una persona necia e imprudente que podemos encontrar en el libro de proverbios. Espero que, con humildad y honradez, podamos evaluarnos y detectar si hemos caído en alguna de estas:

- *Es impulsiva* - Actúa o habla sin pensar y después se lamenta por lo que sucedió (Proverbios 10:14).

- *No tiene discernimiento* - No sabe distinguir entre lo bueno y lo malo, porque no ha tenido cuidado de sus pensamientos y de lo que permite que entre a su mente (Proverbios 2:14).

- *Es engañada por las corrientes mundanas* – No conoce la sabiduría de Dios y, por esto, es llevada a las formas equivocadas de pensar de este mundo. (Proverbios 2:13)

- *Sus propios deseos tienen el control* – Es egoísta y solo busca satisfacer sus propios deseos, aunque otros sufran.
- *Se queja constantemente* - No ha experimentado el contentamiento que viene de conocer a Dios y su voluntad.
- *Es inestable* - Deja que sus emociones tomen el control; y las emociones son inconstantes porque dependen de las circunstancias (Proverbios 5:6)
- *Trata de huir de los problemas* - Evita el dolor en lugar de enfrentarlo con la ayuda de Dios (Proverbios 19:3)
- *Es provocada con facilidad* – Es impaciente y no tiene dominio de sus emociones (Proverbios 14:29)
- *Habla sin pensar* - Sus palabras saldrán ásperas, duras y quizá groseras por la falta de entendimiento y buen juicio (Proverbios 2:12)
- *Cede fácilmente a la tentación* - Se deja llevar por las emociones y el egoísmo. (Proverbios 2:13)
- *Desperdicia el tiempo* - No tiene la sabiduría para administrar su tiempo; no tiene buen entendimiento.

Y así la lista puede seguir. Estas son algunas de las características más comunes.

Algunas características de la mujer prudente

Veamos, también, algunas características de la mujer sabia y prudente. Espero que podamos identificarnos con la mayoría y crecer en cada una de ellas:

- *Conoce sus prioridades y las lleva a la práctica* - Estas prioridades se encuentran en Tito 2:3-5: Su comportamiento es piadoso y reverente, sus palabras son sabias y tiene disciplina personal, ama a su esposo y a sus hijos, actúa con sensatez, es pura, cuida su casa, es bondadosa, se sujeta voluntariamente a su esposo.

- *Es equilibrada en cada área de su vida* - Tenemos el ejemplo de la mujer virtuosa en Proverbios 31. Parece que esta maravillosa mujer encontraba un lugar para todo. Era una mujer que temía al Señor, que amaba y atendía a su esposo y a sus hijos, se ocupaba de manera excelente de su casa, servía a su comunidad, utilizaba su mente para administrar su vida y su hogar, y ayudaba a manejar las finanzas de su familia.

- *Cuida su vida espiritual* - Ama a Dios en primer lugar y sobre todas las cosas, con todo su corazón, alma, fuerza y mente (Lucas 10:27).

- *Cuida su vida familiar* - Ama y sirve primero a los que están en casa (Tito 2:4-5).

- *Cuida su hogar* - Se ocupa del lugar en el que viven sus seres amados (Tito 2:5).

- *Cuida su servicio en la iglesia* - Descubre, desarrolla y usa sus dones espirituales (1 Corintios 12:7).

- *Cuida su salud física* - Se asegura que su cuerpo esté en condiciones de servir al Señor y a los demás (1 Corintios 9:27).

- *Cuida su tiempo social* - Aparta un tiempo para los vecinos y amigos (Proverbios 18:24; Lucas 10:27).

- *Cuida sus finanzas* - Es buena administradora de lo que Dios le ha dado (Mateo 25:21).

- *Cuida sus pensamientos* - Utiliza su mente para conocer a Dios y darle gloria con su vida (Romanos 15:4, Salmos 19:14).

Y la lista continúa. Puedes encontrar más características de una mujer prudente a lo largo de toda la Biblia.

Recibe la sabiduría que proviene de Dios

¿Cómo podemos descubrir la sabiduría y el conocimiento de Dios y crecer en ellos? ¿Cómo podemos convertirnos en mujeres prudentes?

Salomón, considerado el hombre más sabio que ha existido, escribe estas palabras:

"Hijo mío, si recibieres mis palabras, y mis mandamientos guardares dentro de ti, haciendo estar atento tu oído a la sabiduría; Si inclinares tu corazón a la prudencia, si clamares a la inteligencia, y a la prudencia dieres tu voz; Si como a la plata la buscares, y la escudriñares como a tesoros, entonces entenderás el temor de Jehová, y hallarás el conocimiento de Dios"

(Proverbios 2:1-5)

"Sabiduría, ante todo; adquiere sabiduría; Y sobre todas tus posesiones adquiere inteligencia."

(Proverbios 4:7)

Para recibir la sabiduría que proviene de Dios, necesitamos:

- *Buscarla en la Palabra de Dios* - Recibir cada día el consejo de Dios que viene al meditar en su Palabra (Salmos 119:105)
- *Orar por sabiduría* – (Santiago 1:5) Debemos pedirla a Dios.
- *Planificar, organizar y preparar cada día de tu vida* - (Proverbios 16:1). Con determinación, pon las cosas en

orden, organiza las prioridades y da pasos de fe, confiando que el resultado final viene de Dios.

- *Administra bien el tiempo* – (Efesios 5:16). Organiza tus actividades y establece horarios. Intenta seguirlos tanto como puedas, confiando que Dios está en control de todo.
- *Sé sabia y aprende de otras mujeres* – (Proverbios 27:17 NTV). Busca a mujeres que tengan más experiencia; aprende de aquellas que demuestran cualidades de carácter de las mujeres de Dios. Pasa tiempo con ellas y aprende de su sabiduría.

Ser una mujer prudente parece algo difícil de lograr, pero, al poner nuestros ojos en Dios y en su Palabra, Él en su gracia, nos ayudará a ser prudentes. Entonces, nuestra vida será de influencia y de bendición para otros.

> Elije ser una mujer de influencia, recibiendo la sabiduría que proviene de meditar en la Palabra de Dios, para ser prudente.

CAPÍTULO 6:

UNA MUJER DE INFLUENCIA, ENTIENDE LA SANTIDAD DE DIOS Y SE GUARDA PURA

*"que enseñen a las mujeres jóvenes a amar a sus maridos y a sus hijos, a ser prudentes, **castas**..."*

(Tito 2:4-5)

Otra de las características que vemos en Tito 2 de las mujeres de influencia, es que aprenden y enseñan a ser puras. Para lograrlo, primero necesitamos tener un pensamiento correcto que nos guíe a tomar decisiones correctas.

Los pensamientos equivocados nos llevan al pecado

¿Cuántas veces hemos escuchado que alguien cae en pecado, o que hizo cosas inimaginables, y nos preguntamos: "¿Qué fue lo que pasó?"? O incluso, algunas veces nosotras mismas nos vemos envueltas en situaciones que, quizá, años atrás, sabíamos que no eran buenas; pero fuimos cediendo poco a poco hasta que caímos. El pecado es tan sutil, no entra de golpe, ni llega con una alerta roja que diga "¡Peligro!". Entra poco a poco, si no lo detectas a tiempo, cuando menos lo esperes, ya estarás envuelto en él.

En Efesios 4:17-20, Pablo nos habla acerca de esto:

"Esto, pues, digo y requiero en el Señor: que ya no andéis como los otros gentiles, que andan en la vanidad de su mente, teniendo el entendimiento entenebrecido, ajenos de la vida de Dios por la ignorancia que en ellos hay, por la dureza de su corazón; los cuales, después que perdieron toda sensibilidad, se entregaron a la lascivia para cometer con avidez toda clase de impureza. Mas vosotros no habéis aprendido así a Cristo,"

La Palabra de Dios habla claro y directo acerca de esto. Nos anima a ya no vivir como las personas que no conocen a Dios, aquellas que todavía andan en tinieblas, porque aún no conocen la verdad de Dios y están confundidos; tienen sus pensamientos equivocados, los cuales, los llevan al pecado, a tal grado que pierden la vergüenza y terminan viviendo para los placeres sexuales y para toda clase de impurezas. Y continúa diciendo: *"Pero eso no es lo que ustedes aprendieron acerca de Cristo".* Nosotros, al conocer a Cristo, aprendemos de su pureza y su santidad. Entonces, nuestra mente es renovada y somos llevadas a un pensamiento sano.

Sé fiel a tu esposo

Dentro del contexto de Tito 2, se entiende que las mujeres de las que habla son casadas, que aman a su esposo y a sus hijos, por lo que continúa diciendo que sean castas, esto es, que sean fieles a su esposo. Vivimos un tiempo de gran tentación donde la tecnología facilita caer en la infidelidad. Muchos matrimonios están siendo tentados a engañar a sus parejas por las redes sociales y los mensajes de texto. De la misma manera, la pornografía ha llegado a afectar tanto, que piensan que ya no necesitan la intimidad con la pareja. Necesitamos ser puras en nuestro comportamiento y mantenernos fieles a nuestro marido. Esto también se refleja al no buscar atraer a otros hombres, cuidando de nuestra forma de vestir, que no sea sensual o provocativa.

Si eres una joven soltera, tienes la misma responsabilidad de ser fiel a tu futuro esposo, a ese hombre que Dios ya tiene para ti. Es necesario que cuides tu vida y tu corazón para proteger, no solo tu futuro matrimonio, sino el matrimonio de otras mujeres. No permitas que un hombre casado te busque, no caigas en el pecado de destruir una familia, mantén tu pureza. Recuerda que tú eres amada, eres una mujer muy valiosa, y a su debido tiempo llegará el hombre que Dios ha preparado para ti. ¡Espéralo!

Mantén un corazón puro

El amor y la pureza van de la mano. Un corazón puro no pecará deliberadamente contra Dios ni contra los demás. El apóstol Pablo menciona un amor que brota de un corazón puro, de una conciencia limpia y de una fe sincera (1 Timoteo 1:5). La pureza externa es visible, se hace evidente en nuestras palabras y en la forma como actuamos con otros. La pureza interna es la que proviene de nuestro corazón y de nuestros pensamientos, se refleja en las motivaciones que tenemos. La pureza externa y la pureza interna están conectadas. Si nuestro corazón es puro, entonces daremos un amor puro.

Dios nos ha llamado a santificación, a una vida en pureza; si tú eres una hija de Dios, esto no será una carga para ti. Al contrario, será un deleite, porque reflejamos su gloria. Seremos santas porque Él es Santo.

Busca la santidad de Dios para tu vida

La Palabra de Dios es la que nos ayudará a mantenernos en pureza de pensamiento y de corazón. En el salmo 119, en el versículo 9, vemos que una persona puede guardar puro su camino al guardar la Palabra de Dios. Guardar la palabra significa leerla, meditarla y obedecerla, eso es guardar la Palabra. Es la manera en la que podemos andar en una pureza física, de pensamiento y espiritual. Pide a Dios en oración que limpie y renueve tu corazón, pídeselo cada día. El salmista escribió: *"Crea en mí, oh Dios, un corazón limpio, y renueva un espíritu recto dentro de mí"* (Salmo 51:10). Dios es el único que, por medio de Cristo, puede transformar y limpiar nuestro corazón de todo pecado y maldad.

¿Cuál sería la motivación para una vida de pureza?

Vemos que somos llamadas a ser puras y guardar nuestros pensamientos, nuestra fidelidad y nuestro corazón en pureza.

Pero ¿cuál sería el propósito de esto, y cuál es mi motivación? La pureza no se trata de lo que yo quiero sino de lo que Cristo ya hizo en mí. Tito 2:14 dice: *"quien se dio a sí mismo por nosotros para redimirnos de toda iniquidad y purificar para sí un pueblo propio, celoso de buenas obras".*

Si has puesto tu fe en Cristo como tu Salvador y te has arrepentido de tus pecados, Cristo ahora te ve como parte de su pueblo puro, santo y limpio. Por eso, nosotras rechazamos la impiedad y vivimos ahora de una manera sobria, justa y piadosamente. Dios no solo nos hizo parte de su pueblo santo, también desea que conozcamos la gran bendición de experimentar santidad y pureza en cada área de nuestra vida. Cuando vivimos en una íntima comunión con Dios, vamos creciendo en pureza y, aquellas cosas que nos estorban son quitadas por la gracia de Dios y en el poder de su Espíritu Santo, de tal manera que nos acercamos más y más a Él hasta que su santidad se va reflejando en nosotras. Eso es una gran bendición porque seremos de buena influencia a todo aquel que aún no conoce al Dios Santo que nosotras tenemos.

Estoy en pecado

Quizá en este momento, mientras lees este libro, te hayas percatado de que andas en pecado y algo en tu corazón te dice que hay áreas en tu vida que no están bien. Si es así, realmente es el Espíritu Santo que convence de pecado a fin de que nos volvamos a Dios.

Su Palabra nos dice en 1 Juan 1:9: *"Si confesamos nuestros pecados, él es fiel y justo para perdonar nuestros pecados, y limpiarnos de toda maldad".*

Cristo es nuestra única esperanza. Ve pronto a Jesús y pide su ayuda. Él ya murió en la cruz por nuestros pecados para perdonarnos, limpiarnos de maldad y restaurarnos. Él siempre está dispuesto. No hay un pecado tan grande que Dios no pueda perdonar. En oración, con fe, reconoce tu pecado, arrepiéntete y no lo practiques más; recibe su perdón y sanidad, busca a una mujer mayor que pueda ayudarte en el proceso de restauración, para que así puedas andar en la libertad con la que Cristo nos ha hecho libres y dejar atrás ese pecado.

> Elige ser una mujer de influencia conociendo la santidad de Dios, y así guardarte en pureza.

CAPÍTULO 7:

UNA MUJER DE INFLUENCIA, ABRAZA EL PRIVILEGIO DE CUIDAR EL HOGAR

*"que enseñen a las mujeres jóvenes a amar a sus maridos y a sus hijos, a ser prudentes, castas, **cuidadosas de su casa**..."*

(Tito 2:4-5)

Desde niña, aprendí a trabajar para ganar dinero. Vendí tostadas afuera de mi casa, vendí dulces en mi escuela, e incluso hacía y vendía tarjetas para Navidad. Aun siendo muy joven, comencé a trabajar y estudiar. Cuando tenía 16 años, mis padres me compraron mi primer auto; un Atlantic Volkswagen, color rojo. A esa edad, ya trabajaba en una joyería y estudiaba la preparatoria. Tenía una visión para el futuro, soñaba con tener mi propio negocio, llegar a ser una mujer empresaria, de éxito; una mujer que viajaría y comería en restaurantes. En ese tiempo no me daba cuenta, ahora que lo pienso, mis planes eran egoístas y materialistas, todavía no consideraba la voluntad de Dios para mí.

Cuando conocí a Cristo como mi Salvador, mi vida cambió. Al conocerlo más y más a través de su Palabra y de una comunión íntima, Dios fue cambiando mi manera de pensar; y de ser una joven egoísta que luchaba por sus propios sueños, ahora quería andar en la voluntad de Dios y conocer los planes que tenía preparados para mí. Jeremías 29:11 fue uno de los primeros pasajes bíblicos que llamó mi atención: "Porque yo sé los pensamientos que tengo acerca de vosotros, dice Jehová, pensamientos de paz, y no de mal, para daros el fin que esperáis." Abracé su Palabra apasionadamente y, en oración, le pedí que me ayudara a no apartarme de Él. Y Él, poco a poco, fue mostrando su plan para mí.

Hoy puedo decir que el Señor en su Palabra me llevó a conocer el maravilloso diseño bíblico de la mujer, que consiste en formar una familia y cuidar de ella con amor y dedicación. Él me ha dado una familia. Tenemos un bello hogar, que fue posible construir una vez que decidí sacrificar mi carrera profesional para obedecer el llamado de Dios. Esto no quiere decir que tener una carrera profesional o trabajar en un negocio sea malo, pero en algunas ocasiones, mi corazón les daba más importancia a esas cosas que a Dios, y ahí estaba el problema.

La familia es el diseño de Dios

El matrimonio y la familia no son inventos de la sociedad, es parte del gran diseño de Dios para la humanidad y para su plan redentor. Desde Génesis 3 vemos el intento de Satanás por destruir la familia, destruir el propósito de Dios y el propósito del matrimonio; esta batalla permanece hasta nuestros días. La familia es creada por Dios, pero no es perfecta. No hay familias perfectas, porque nosotras no somos perfectas. En la Biblia, podemos leer la historia de la primera familia, Adán y Eva. Ellos tuvieron problemas en su relación al desobedecer a Dios, sufrieron las consecuencias, pero después ellos tuvieron dos hijos, Caín y Abel. Sin embargo, un día, tras ver rechazada su ofrenda ante Dios, mientras que la de su hermano fue aceptada, Caín se enojó tanto que mató a Abel.

Tenemos también el caso de Abraham y Sara, cuya familia estaba unida hasta que Agar entró en escena, provocando un conflicto enorme. O el caso de los hijos del sacerdote Elí, en 1° de Samuel, quienes eran impíos. Y así, podemos leer muchos casos en la Biblia de situaciones familiares difíciles. Esto no quiere decir que Dios cometió un error en ellos. Todo lo contrario, esto solamente comprueba que todas las familias de alguna manera son afectadas por el enemigo, con el fin de no cumplir el propósito de Dios y es nuestro privilegio ser cuidadosas de nuestra casa. Somos llamadas a cuidar nuestro hogar.

En Tito 2, la Biblia nos dice que aprendamos a ser cuidadosas de nuestra casa. Los manuscritos usan la palabra griega *"oikouros" (οικος "oíkos",* casa; οὖρος *"oúros"*, guardia o cuidador). Otras traducciones de la Biblia traducen esta oración como:

"A que sean buenas amas de casa" (Reina Valera Actualizada)

"Hacendosas en el hogar" (La Biblia de las Américas)

"A cuidar bien de su hogar" (Biblia Latinoamérica)

"Mujeres de su casa" (Biblia de América)

"Cuidadosas del hogar" (Dios Habla Hoy)

"A atender bien a su familia" (Traducción en Lenguaje Actual)

Entendiendo el pasaje bíblico, podemos ver que es nuestro privilegio (porque así deberíamos de considerarlo) ser amas de casa, mujeres hacendosas del hogar, hacer el trabajo doméstico. Quizá para algunas no suene tan atractivo, pero es el diseño de Dios para las mujeres; y, cuando comiences a vivirlo, te darás cuenta de que, como todo lo que hace Dios, es bueno.

No es nuestro esposo quien ha establecido que seamos amas de casa, es Dios mismo quien nos ha llamado a edificar nuestra casa. La sociedad trata de opacar el valor del trabajo en el hogar y menospreciar a las mujeres que deciden estar en casa y atender a sus hijos. El mundo trata de quitar la belleza del momento en el que una madre que recibe a su esposo, a sus hijos en casa y les sirve con amor todos los días. Nuestros hogares son un reflejo de Dios y del evangelio. Necesitamos tener una visión para nuestro hogar, ser intencionales en servir a los nuestros con amor a fin de que puedan ver a Cristo en nosotras.

Cuidar el funcionamiento del hogar

Hoy en día es muy común escuchar a las mujeres jóvenes decir que van a salir de casa para trabajar, que ganarán suficiente dinero para pagarle a otra persona para que haga los quehaceres domésticos de la casa. Una ocasión, estaba platicando con un grupo de jovencitas de entre quince y dieciocho años, y hablábamos acerca de los planes a futuro. Una de ellas mencionó que su sueño era casarse y ser mamá. Las chicas a su alrededor la miraban con desprecio, como si su meta fuera algo de poco valor. La realidad es que el mundo trata de convencer a las mujeres de que el trabajo doméstico ya pasó de moda, es denigrante, es para las mujeres que no son capaces de superarse o hacer algo más.

Pero nosotras, las que conocemos a Dios y su Palabra, debemos estar alerta y no dejarnos envolver por los engaños del enemigo y las corrientes de este mundo. En Tito 2, se pide a las ancianas que enseñen a las mujeres más jóvenes a cuidar su casa, porque el llamado de cuidar nuestra casa es un reflejo de Cristo, quien no vino para ser servido sino para servir y dar su vida para rescatar a muchos. Es necesario que así veamos el trabajo doméstico, como una oportunidad para preparar alimentos, lavar ropa, tener una casa limpia, en orden y mostrar el amor sacrificial de Cristo.

Hay tantas cosas que podemos hacer para servirles con amor. Es nuestra tarea encontrar un momento especial para la familia. Por ejemplo, uno de los momentos especiales que he descubierto para compartir con mi familia es el tiempo de la comida, y siempre hacemos un esfuerzo por comer juntos. Ahora nuestros hijos estudian en la universidad, pero acomodamos nuestros horarios de tal forma que coincidimos todos en casa a la hora de comer y de cenar y tratamos de que sea un tiempo de convivencia juntos. Cuando preparo su comida favorita es un deleite para ellos. Y, de la misma manera, cada familia tiene sus momentos de disfrutar, amar y servirse unos a otros. Tú puedes descubrir diferentes formas de mostrarles que los amas y los cuidas.

En Proverbios 31, encontramos a la mujer virtuosa. Una mujer cuidadosa de su casa. Y estas son algunas de las características que el pasaje resalta en una mujer virtuosa:

- Cuida el funcionamiento de su hogar:

"*Ella encuentra lana y lino y laboriosamente los hila con sus manos. Es como un barco mercante que trae su alimento de lejos. Se levanta de madrugada y prepara el desayuno para su familia y planifica las labores de sus criadas*"

(Proverbios 31:13-15 NTV).

- Cuida su hogar, convirtiéndolo en un lugar acogedor, lleno de amor, protección y seguridad:

"*Cuando llega el invierno, no teme por su familia, porque todos tienen ropas abrigadas. Ella hace sus propias colchas. Se viste con túnicas de lino de alta calidad y vestiduras de color púrpura*"

(Proverbios 31:20-21 NTV).

- Hace las cosas sin quejarse, es sabia en sus palabras y puede dar instrucciones con amor:

"*Cuando habla, sus palabras son sabias, y da órdenes con bondad*"

(Proverbios 31:26).

Podemos aprender, entonces, estas simples características que nos inspirarán a valorar el hermoso privilegio de cuidar nuestro hogar. Nuestro trabajo en casa debe ser como para el Señor, con alegría y sin queja.

Tu casa comunica un mensaje

Cada hogar comunica un mensaje. Por ejemplo, hay casas en las que desde que llegas, se siente mucha paz y tranquilidad. Quizá pudieras decir: "Bueno, si la casa está vacía, ¡claro que tendrá paz y tranquilidad!". Sin embargo, hay hogares donde está toda la familia reunida en una misma casa, pero han aprendido a compartir juntos y mantener la armonía en el hogar.

También, hay hogares donde tienen un ambiente tenso, donde hay discusiones entre ellos, no hay unidad, se nota la molestia en sus rostros. Hay casas donde las fiestas, el ruido y el alcohol son habituales, eso lo proyectan en su comunidad. Y aunque pudiera seguir describiendo los diferentes tipos de ambiente que hay en los hogares, esto no es para ver los hogares de los demás; es para hacerte saber que cada casa envía un mensaje. Tu casa y mi casa también comunican un mensaje.

Entonces, si somos una familia de creyentes, ¿sabes cuál es el mensaje que nuestro hogar debería reflejar? El mensaje del evangelio. Nuestro hogar debe tener un ambiente colmado de la presencia de Dios, no estoy hablando de tener una casa religiosa, con adornos cristianos por aquí y por allá, donde todos actúan con una apariencia de piedad, no me refiero a eso, me refiero a vivir una vida transparente; a mostrarnos tal cual somos, como pecadores redimidos por Cristo, imperfectos, pero camino a la perfección, me refiero a vivir en amor unos con otros, aunque algunas veces nos ofendamos, siempre estar dispuestos a perdonarnos, sabiendo que el amor que nos une es más fuerte que cualquier ofensa que atravesemos.

Quizá muchas veces no sepamos cómo conducirnos o qué decisión tomar, pero buscaremos juntos la guía y la dirección de Dios en su Palabra. Tengamos un hogar que atraviesa los problemas unido en oración, donde nos animemos unos a otros a cumplir el llamado de Dios y, si alguno cayere, el otro le levantará; donde juntos luchemos por salir adelante. Mostremos al mundo que sí se puede disfrutar en familia, que sí se puede vivir en unidad y amor, que todo esto es posible en Cristo. De esta manera, tu casa comunicará el mensaje del evangelio.

No obstante, no solamente puedes mostrar el evangelio a través de tu casa, sino que puedes dejar que tu casa también sea una luz que brille en medio de las tinieblas. Puedes abrir tu hogar para que tus vecinos conozcan a Cristo como su Salvador.

Uno de los ministerios que el Señor me ha permitido iniciar, y que ha llevado a muchas personas a conocer a Cristo como su Salvador se llama *Un Café con Dios*. Consiste en una reunión muy sencilla, pero de gran bendición. En *Un Café con Dios*, una anfitriona invita a sus vecinas a tomar un café en su casa y cuando las invitadas llegan a la reunión, hacemos algunas dinámicas de integración para conocerlas, jugamos un poco, reímos y disfrutamos con ellas. Después de pasar un buen momento, cantamos alabanzas, y en un pequeño mensaje bíblico les compartimos el evangelio. Muchas de las mujeres que han aceptado esta invitación, han llegado a conocer a Cristo, familias han sido rescatadas por una mujer que creyó con fe. Se abrieron grupos familiares para seguir cuidando a los recién convertidos, grupos que, con el tiempo, se convirtieron en iglesias. Y todo esto ha sido por la gracia de Dios, gracias a mujeres que estuvieron dispuestas a ir más allá, a abrir sus casas para bendecir a su comunidad.

Todas tenemos una historia que compartir, podemos hablar a otros de cómo Dios ha transformado nuestras vidas. Te invito a que hagas *Un Café con Dios* en tu casa, invita a tus amigas, comparte tiempo con ellas y anuncia lo que Dios ha hecho en tu vida. Deja que tu casa brille con la luz de Dios, que sea utilizada por Él para alumbrar a tus vecinos, a tu colonia, e incluso a tu ciudad.

Sé intencional en cuidar tu casa

Soy una persona a la que le gusta el orden y la limpieza, pero no soy perfecta en este aspecto, siento que cada vez me relajo un poco más. No digo que vaya descuidando el orden, sino que el Señor me ha enseñado que las personas son más importantes que las tareas. Entonces, he tenido que hacer un balance entre cuidar la casa, mantener el orden y cuidar el ambiente dentro de mi familia.

La mujer de Proverbios 31 parece tener todo un plan: cuida a su esposo y a sus hijos, tiene un negocio, se encarga de ver que sus hijos y su esposo tengan alimento, ropa, es muy trabajadora. Aun con tantas cosas que hace, es una mujer temerosa de Dios. Es curioso, pero me he dado cuenta de que, si yo estoy feliz, por la mañana los despierto con un abrazo y con una sonrisa, casi puedo asegurar que ellos comienzan a ponerse también felices. Pero, cuando yo estoy estresada, comienzo a hacer las cosas deprisa y sin hablar una palabra, casi puedo asegurar que ellos también comienzan a estresarse, a apurarse. Nadie más puede generar un ambiente en la casa como nosotras. ¿Será porque, dentro del diseño de Dios, es nuestra responsabilidad cuidarla? Yo creo que así es.

Seamos intencionales al cuidar el ambiente físico y espiritual de nuestra casa. Le he pedido al Señor sabiduría para proteger mi casa en estos dos ámbitos. El Señor me ha enseñado que no hay escudo más poderoso que la oración. Cuando llega la duda, el temor, la enfermedad, la crisis económica, la adolescencia de los hijos y las pruebas familiares difíciles, lo mejor que podemos hacer (y lo primero que deberíamos hacer) es clamar a Dios por su ayuda y Él nos guiará paso a paso a través de la prueba hasta cumplir su voluntad.

Algunos de los mejores tiempos de oración que he tenido en mi casa, suceden cuando el Señor me despierta de madrugada. Al principio, no entendía por qué despertaba repentinamente después de medianoche, hasta que un día le pregunté al Señor: "¿Por qué no puedo dormir? Llevo más de dos días despertando de madrugada y casi a la misma hora". Y mientras oraba, pude sentir la presencia de Dios y su respuesta a una petición que había tenido desde hace tiempo: "Levántate a orar. Me pediste que te avivara en la oración, este es el tiempo". Desde ese día hasta hoy, cuando despierto de madrugada, siento como si el Señor me dijera: "Cuida tu casa".

Lo primero que hago es orar por mi esposo mientras él duerme. Oro en silencio para no despertarlo, bendigo su vida, le pido a Dios que lo use grandemente, lo llene de gracia y sabiduría. También, oro para que el Señor lo guarde de todo lo que pudiera afectar su vida, como angustias, tentaciones o pecados sexuales. Terminando esta oración, salgo de mi recámara, voy a orar por cada uno de mis hijos, igual, en silencio para no despertarlos. De la misma forma, bendigo sus vidas. Pongo mis manos en su cabeza, beso su frente. Algunas veces, sí han sentido que estoy allí, despiertan, y solo les digo: "Duerme, mi niño(a). Estoy orando por ti".

Me gusta recorrer mi casa, orar, y darle gracias por todo lo que nos ha dado, por la paz y la tranquilidad. Mi corazón se llena tanto de agradecimiento, que también oro por nuestras mascotas, dos perros llamados Thor y Mini. Todo en mi hogar es de Él y es puesto en sus manos.

"Dad gracias en todo, porque esta es la voluntad de Dios para con vosotros en Cristo Jesús"

(1 Tesalonicenses 5:18).

Todo, sin excepción, es puesto en las manos del Señor. Y te invito a hacerlo también. Ora por tu familia de madrugada, pon toda tu casa en las manos del Señor, podrás sentir una de las experiencias de intimidad con Dios más poderosas y alentadoras. Conocerás que Jehová de los Ejércitos está de tu lado, que Él es quien pelea tus batallas.

Valora tu casa

Es tan fácil perder de vista el verdadero valor del hogar, el valor de una familia viviendo juntos en una casa. No se trata del valor de tu propiedad, de si esta es grande o es pequeña, sino del valor de tu hogar, tanto en esta tierra como en la eternidad. Cada vez es más difícil tener familias firmes, pues el enemigo y el egoísmo se han encargado de destruir muchos hogares. Dios puede usarte a ti como una mujer de influencia para bendecir a tu familia. Déjate usar por Dios para que la crianza de tus hijos produzca fruto a la siguiente generación, que tu esposo pueda agradecer a Dios por ti y que, juntos, le den la gloria a Él por haber construido un lugar en santidad, amor y felicidad.

Y así como Josué se levantó delante del pueblo de Israel y les dijo: *"Y si mal os parece servir a Jehová, escogeos hoy a quién sirváis... pero yo y mi casa serviremos a Jehová" (Josué 24:15)*, que nuestras familias puedan decir a una voz: ¡Yo y mi casa serviremos al Señor!

> Elige ser una mujer de influencia conociendo el diseño de Dios para la familia y cuidando tu hogar.

Sahira de Macías

CAPÍTULO 8:

UNA MUJER DE INFLUENCIA, REFLEJA LA BONDAD DE DIOS EN SU VIDA

*"que enseñen a las mujeres jóvenes a amar a sus maridos y a sus hijos, a ser prudentes, castas, cuidadosas de su casa, **buenas**..."*

(Tito 2:4-5)

Siguiendo con el estudio del carácter de una mujer de influencia, vemos que, en el pasaje, se exhorta a las mayores a enseñar a las más jóvenes a ser buenas, pero ¿qué significa esto? Es muy simple; "Buena" implica ser bondadosa, generosa, compasiva, servicial, misericordiosa. Es lo opuesto a la maldad, el egoísmo, la rudeza o la aspereza.

Dios es bueno

Dios mostró su bondad cuando se entregó a sí mismo para rescatarnos del infierno y de la condenación por nuestros pecados. Por la fe en Cristo, podemos reconciliarnos con Él y ahora ser sus hijas amadas, además, nos ofrece el regalo de la vida eterna, la bendición de pasar el resto de nuestra vida junto a Él. Ese es el Dios bondadoso que tenemos, Él es lento para la ira y grande en misericordia.

"Y pasando Jehová por delante de él, proclamó: ¡Jehová! ¡Jehová! fuerte, misericordioso y piadoso; tardo para la ira, y grande en misericordia y verdad; que guarda misericordia a millares, que perdona la iniquidad, la rebelión y el pecado, y que de ningún modo tendrá por inocente al malvado; que visita la iniquidad de los padres sobre los hijos y sobre los hijos de los hijos, hasta la tercera y cuarta generación"

(Éxodo 34:5-7).

En los versículos anteriores, vemos la misericordia de Dios y su justicia. Esa es su gloria y su bondad, las cuales ahora disfrutamos. Él es fiel y cumple sus promesas. En su Palabra, podemos ver tantas promesas para bendecirnos, porque es un Padre amoroso y bueno.

Un cambio de corazón

Antes de venir a la fe en Cristo, nuestra condición era pecaminosa. La Escritura dice que nuestros corazones son necios, perversos; que se inclinan a pecar y que atentan contra Dios y contra su Ley. Nuestros corazones eran depravados y pecaminosos, ¡y ese es el tipo de corazón con el que nacemos! Al rendir nuestra vida a Cristo y reconocerle como Señor y

Salvador (en nuestra conversión), Dios nos da un nuevo corazón, eso es lo que la Escritura nos dice en Ezequiel 11:19: *"Y les daré un corazón, y un espíritu nuevo pondré dentro de ellos"*.

Quizá, al momento de leer esto, te hayas dado cuenta de que, a pesar de que tienes un corazón nuevo, a veces regresas a andar en "los viejos caminos". Lo que pasa es que, mientras estemos en este mundo, nuestros corazones todavía serán vulnerables a ser influenciados, tanto por el mundo como por el enemigo, quien trabaja con todos sus secuaces para hacer que volvamos a la vida pasada. Y no solamente es vulnerable a tentaciones externas, sino también a nuestra propia carne.

"Porque de dentro, del corazón de los hombres, salen los malos pensamientos, los adulterios, las fornicaciones, los homicidios, los hurtos, las avaricias, las maldades, el engaño, la lascivia, la envidia, la maledicencia, la soberbia, la insensatez"

(Marcos 7:21-22).

Por eso debemos cuidar nuestro corazón; porque, si lo llenamos de lo que este mundo ofrece, de pensamientos, acciones carnales y vanas, eso reflejará tu corazón. Por otro lado, cuando tu corazón es cuidado por Cristo, lleno de Él, de su Palabra y de su Espíritu, lo que saldrá en nuestro comportamiento, en nuestro hablar, en nuestras acciones y en nuestras actitudes, va a reflejar la pureza de Cristo.

Manifiesta la bondad de Dios

Entender la bondad de Dios nos lleva a ser generosas y hospitalarias, a abrir nuestro corazón, nuestro hogar a otros. La cualidad que aún debo desarrollar como hija de Dios, es ser hospitalaria, porque Dios es un Dios hospitalario. Él es un refugio. Él es el anfitrión perfecto para aquellos que buscan refugio en su morada. El Salmo 90 dice: *"Señor, a lo largo de todas las generaciones, ¡tú has sido nuestro hogar!" (Salmos 90:1 NTV).* Él es el hogar verdadero de nuestro corazón.

Siendo hospitalarias, reflejamos el amor de Cristo. En nuestra iglesia, tenemos la bendición de recibir a invitados de diferentes lugares de la República en eventos que organizamos como retiros, campamentos, o incluso nuestro aniversario. Cuando damos hospedaje a esos hermanos que vienen de otras iglesias manifestamos la bondad de Dios. De la misma manera, en ocasiones, invitamos a algunas familias a nuestra casa a compartir los alimentos después de un servicio, con este simple detalle de generosidad también podemos manifestar su bondad a otros.

Una ocasión fuimos hospedados por unos amigos, quienes también son pastores; ellos sin saberlo, me enseñaron la hospitalidad. Para empezar, fueron por nosotros al aeropuerto (que estaba a más de una hora de camino), nos hicieron sentir en tanta confianza que, para la hora de la comida, entre todos servimos la mesa, sacamos los platos, servimos los alimentos, comimos juntos y al final entre todos limpiamos la mesa. Fue increíble, sentí como si tuviera mucho tiempo viviendo con ellos, me sentí en casa. Y eso fue solo el primer día.

Durante el tiempo que estuvimos con ellos, nos hospedaron en su recámara; aún recuerdo que el domingo por la mañana, mientras todos nos preparábamos para ir a la iglesia, sus hijos, después de pedirnos permiso para entrar a tomar sus zapatos y algunas de sus pertenencias, platicaban con nosotros de una manera tal que nos hacían sentir como parte de su familia, siempre con una sonrisa; después de la iglesia, pasamos un tiempo de descanso viendo películas juntos en su sala, quizá ya, para ese entonces, su casa ya no estuviera tan ordenada como cuando llegamos, sin embargo, eso no era lo primordial para ellos, sino disfrutar con nosotros, hacernos sentir en casa. Nos sentimos amados. Desde aquel día, aun cuando no nos veamos con frecuencia, los consideramos nuestros amigos. A pesar de que las fronteras nos separen (pues ahora viven en otro país) sé que Cristo nos une.

A través de su ejemplo, Dios trató el egoísmo que había en mi corazón; desde entonces, dejé de preocuparme por cómo se viera mi casa, o qué fueran a pensar de la cama o los alimentos al momento de considerar recibir visita. Ahora puedo ofrecer lo que Dios nos ha dado a mí y a mi familia de una manera libre, genuina, sacrificial. He aprendido el corazón de la hospitalidad. Ahora puedo recibir personas sin necesidad de hacer todo un "ritual" de perfección. Mi esposo puede tener la confianza de decirme cuando hay necesidad de hospedar a alguien sin preguntarse si estaré dispuesta o no.

Podemos brindar hospitalidad a gente que conocemos como nuestra familia, nuestros hermanos en Cristo o amigos cercanos. Pero también podemos mostrar la bondad de Dios a personas que no conocemos. *"Amado, fielmente te conduces cuando prestas algún servicio a los hermanos, especialmente a los desconocidos,"* (3 Juan 5)

También en Isaías, capítulo 58, leemos acerca de la necesidad de mostrar hospitalidad a los hambrientos y a los pobres. Podemos ser hospitalarias hacia ellos preparando alimentos y llevándolos a aquellos lugares donde sabemos que hay gente con necesidad, como en los hospitales o por las calles. Dios habla en Isaías 58 sobre el tipo de corazón que quiere que su pueblo tenga. Él dice: Quiero que *"partas tu pan con el hambriento y recibas en casa a los pobres sin hogar"*, aquellos que no tienen un lugar donde quedarse (Isaías 58:7). La instrucción de parte de Dios es muy clara.

Que tus palabras sean buenas

También podemos reflejar la bondad de Dios por medio de nuestras palabras. Las palabras son un reflejo de lo que hay en el corazón, pues la lengua está conectada al corazón. Las palabras tienen poder, incluso, desde el Génesis, vemos que Dios, con el poder de su palabra, hizo la creación. En Proverbios 18:21 dice: *"La muerte y la vida están en poder de la lengua, Y el que la ama comerá de sus frutos".*

¿Cómo puedes conocer la condición de tu corazón? Quizá, si habláramos de la condición física de tu corazón, no tendrías que hacer más que ir con un cardiólogo que pueda hacerte estudios médicos, pero, si hablamos de la condición espiritual de tu corazón, un cardiólogo no podrá hacer nada al respecto. La forma más sencilla en la que podemos darnos cuenta de la condición del corazón es evaluando lo que sale de nuestra boca.

"El hombre bueno, del buen tesoro de su corazón saca lo bueno; y el hombre malo, del mal tesoro de su corazón saca lo malo; porque de la abundancia del corazón habla la boca" (Lucas 6:45). Si nuestro corazón es quejumbroso, hablaremos queja, si tenemos un corazón agradecido, nuestras palabras lo mostrarán, si nuestro corazón es puro, serán puras nuestras palabras y pura será nuestra vida, si el corazón está viciado y corrompido, no se puede esperar un lenguaje decente ni una vida santa.

Es bueno ser intencional y pensar antes de hablar. Poner atención a lo que sale de nuestra boca nos ayudará a conocer la condición del corazón. Podemos pedir a Dios que nos ayude a bendecir a otros. Es maravilloso cómo su Espíritu Santo nos usa, nos guía para hablar la palabra oportuna, para dar ánimo a quien lo necesita, o simplemente en hacer una llamada para saludar a otros y recordarles que son una bendición. Dios es bueno, desea usarnos para que de nuestra boca salgan palabras de bondad.

Que tus ojos sean buenos

También debemos ser intencionales al cuidar lo que nuestros ojos ven. En Proverbios se nos exhorta a mirar rectamente, y en Mateo 6:22-23 (NTV) dice: *"Tu ojo es una lámpara que da luz a tu cuerpo. Cuando tu ojo es bueno, todo tu cuerpo está lleno de luz; pero cuando tu ojo es malo, todo tu cuerpo está lleno de oscuridad. Y si la luz que crees tener en realidad es oscuridad, ¡qué densa es esa oscuridad!"*. Lo que vemos con nuestros ojos de alguna manera afectará nuestra conducta y nuestra manera de pensar y de actuar.

En Hebreos 12:2, nos dice que corramos la carrera de esta vida con los ojos puestos en Jesús para que nuestro ánimo no se canse. Cuando nuestros ojos están puestos en Él, podemos resistir el pecado, mantener la fe en las aflicciones y también soportar la disciplina de parte de Dios.

Examina tu camino

El camino de los malos puede parecer agradable y atractivo, pero terminará mal. *"Examina la senda de tus pies, Y todos tus caminos sean rectos. No te desvíes a la derecha ni a la izquierda; Aparta tu pie del mal"* (Proverbios 4:26-27). También debemos vigilar nuestro camino, porque el corazón influye en nuestro comportamiento. *"Hay camino que al hombre le parece derecho; Pero su fin es camino de muerte"* (Proverbios 14.12). Podemos ser engañadas y apartadas del camino. Pero, si guardamos nuestro corazón, podremos mantenernos firmes en el camino, evitando vagar sin rumbo y caer en la trampa del enemigo. Lo mejor es ser obedientes, andar cada día a la luz de la verdad de su Palabra, que sea quien dirija nuestro camino.

Ser bondadosas y amar a otros tiene un precio, amar no es fácil, andar en amor nos va a costar, pues, por amar a otros, tal vez nos sea necesario sacrificar un poco de nuestro tiempo de diversión o de trabajo en casa, o sacrificar algún gusto por compartir nuestros recursos y nuestro dinero con otros. Incluso nos va a costar humillarnos, para dejar de ser egoístas y tomar una actitud de servicio a fin de que otros puedan sentir el amor de Dios a través de nosotras. Es importante recordar que amarnos le costó a Dios el precio más alto, dar la vida de su Hijo, Jesucristo, para rescatarnos y ser parte de su Reino.

El orgullo nos impide servir a los demás, la humildad nos permite estar atentas a las necesidades de otros y estar dispuestas a despojarnos de nosotras para dar. Esta humildad produce fruto que honra al Señor.

> Escoge ser una mujer de influencia que reconoce y refleja la bondad de Dios en su vida, para que otros puedan conocer y experimentar el amor de Cristo.

CAPÍTULO 9:

UNA MUJER DE INFLUENCIA, SE SUJETA VOLUNTARIAMENTE A SU MARIDO

"que enseñen a las mujeres jóvenes a amar a sus maridos y a sus hijos, a ser prudentes, castas, cuidadosas de su casa, buenas, **sujetas a sus maridos...**"

(Tito 2:4-5)

En la actualidad, uno de los mayores problemas es la falta de sujeción a la autoridad. Vivimos en una sociedad que busca la independencia, que resiste a cualquier autoridad que intente decirle qué hacer. Somos rápidas para defender los derechos, incluso aunque no hayan sido violados. Pero la autoridad es esencial, pues, donde no hay autoridad, hay confusión, caos y temor. Aunque muchas personas tengan opiniones negativas en cuanto a la sumisión, la verdad es que esta trae gozo, protección y auténtica liberación. Es un reto hablar de esto, espero que, para el final del capítulo, tus ojos sean abiertos y puedas ver por qué la sujeción es buena y es una gran bendición.

Entendiendo la sujeción

La Biblia utiliza dos palabras griegas para expresar la idea de "someterse" o "sujetarse":

- *hypeikō*, que está compuesta de dos raíces: *hypo* ("bajo") y *eikō* ("ceder"), y significa "someterse a otro".

- *hypotassō*, que es una combinación de *hypo* ("bajo") y *tassō* ("organizar"), y significa "sujetarse uno a otro".

En ambas palabras, está implícita la idea de obediencia. "Sujeta" se deriva del verbo: ponerse bajo o colocarse bajo mando. La sumisión al Señor implica someternos a las autoridades que Él ha establecido sobre nosotros. En Tito 2, vemos que la sujeción es una de las cualidades que toda mujer cristiana necesita aprender: *"Las casadas estén sujetas a sus propios maridos, como al Señor; porque el marido es cabeza de la mujer, así como Cristo es cabeza de la iglesia, la cual es su cuerpo, y él es su Salvador." (Efesios 5:22-23)* Es Dios mismo el que ha establecido el orden de autoridad para las familias. El esposo está en la posición de autoridad y la esposa se sujeta voluntariamente.

Honra y respeto

La verdadera sumisión bíblica va más allá de la obediencia, implica dar honra y respeto a nuestros maridos. *"Asimismo vosotras, mujeres, estad sujetas a vuestros maridos; para que también los que no creen a la Palabra, sean ganados sin palabra por la conducta de sus esposas, considerando vuestra conducta casta y respetuosa. Vuestro atavío no sea el externo de peinados ostentosos, de adornos de oro o de vestidos lujosos, sino el interno, el del corazón, en el incorruptible ornato de un espíritu afable y apacible, que es de grande estima delante de Dios. Porque así también se ataviaban en otro tiempo aquellas santas mujeres que esperaban en Dios, estando sujetas a sus maridos; como Sara obedecía a Abraham, llamándole señor; de la cual vosotras habéis venido a ser hijas, si hacéis el bien, sin temer ninguna amenaza"* (1 Pedro 3:1-6).

Sara obedecía a su esposo y le llamaba "señor". Esto demuestra que ella era una mujer de Dios, que esperaba en Dios y no en Abraham. Lo hacía porque sabía que era algo que agradaba al Padre, lo hacía voluntariamente porque reconocía que Dios le había dado la autoridad a su esposo y lo trataba con respeto; y esto no era porque Abraham se lo hubiera ganado o lo mereciera. Recuerda que una ocasión Abraham la uso casi como un escudo de protección. Ella fue expuesta. Aun así, Sara tenía una actitud de respeto a su marido por la posición de autoridad que Dios le había dado.

De la misma manera nosotras debemos respetar y honrar a nuestro esposo, simplemente por la posición de autoridad que le fue otorgada por Dios. Independientemente si lo merece o no, Dios estableció que él fuera la autoridad. Así como un agente de tránsito o un policía, al portar su uniforme, representa una autoridad, sin importar sus capacidades, o si es honesto o no, o incluso si merece respeto o no, él es la autoridad y debemos respeto. Igualmente, sin importar el carácter del esposo, es una autoridad puesta por Dios.

Ayuda idónea

La sumisión no implica que una mujer renuncie a sus derechos, que no tenga voz, que sus opiniones no cuenten, que deba decir que sí a todo lo que le pidan, o que sea inferior al hombre, tampoco implica que pueda ser tratada como un objeto, como si no tuviera sentimientos. Esto no es la sumisión.

La sumisión es un acto de fe y de obediencia al Señor. Somos la ayuda idónea de nuestro marido. Podemos discernir, podemos dar opiniones, podemos confrontar el pecado (claro, con respeto), y voluntariamente aceptar la decisión del esposo.

Sin embargo, cuando la voluntad del esposo es contraria a la voluntad de Dios, ahí sí podemos decir, como dijo el apóstol Pedro, que es necesario obedecer a Dios antes que a los hombres; siempre procurando no caer en rebeldía.

La sumisión es un reflejo de Cristo

Sabemos que en la Trinidad de Dios hay un orden: Dios es el Padre, Jesús es el Hijo y el Consolador es el Espíritu Santo. No pueden mezclarse, cada uno tiene un rol y en este rol, Cristo se sujeta al Padre. Él nos da ejemplo de la sujeción. Cristo obedeció al venir a morir por nuestros pecados y lo hizo por amor. En la creación también hay un orden: *"Pero quiero que sepáis que Cristo es la cabeza de todo varón, y el varón es la cabeza de la mujer, y Dios la cabeza de Cristo." (1 Corintios 11:3)* Hay un orden de autoridad: Dios, Cristo, el varón y la mujer.

Desde la creación Dios manifestó el orden divino. Primeramente, creó al hombre y, de una de sus costillas, creó a la mujer. ¿Por qué no los hizo al mismo tiempo? Porque, en ese momento, Dios estableció un orden: la mujer fue creada para ser ayuda ideal del hombre.

Esto no significa que la mujer tenga menos valor o que esté por debajo del hombre, más bien, la mujer tiene un rol diferente y complementario al hombre. El esposo y la esposa en sujeción reflejan la gloria de la relación de Cristo con su iglesia, y de Cristo con el Padre.

¿Por qué es tan difícil sujetarse?

Algunas personas piensan que la sujeción es una maldición, que es parte de las consecuencias del pecado, lo ven como un castigo; la verdad es que la sujeción es buena. El problema está en el pecado del hombre. El pecado hizo que hombres y mujeres entraran en una batalla, en la que, mientras el hombre abusa de su autoridad, la mujer se rebela a la autoridad. Ninguno es víctima, los dos, tanto hombres como mujeres, somos responsables de esta batalla.

Cuando el evangelio llega a un matrimonio pone orden en la familia. Cada uno toma su rol: el hombre de Dios lidera bajo la sujeción de Cristo, mientras que la mujer de Dios se somete a la autoridad de su esposo, y el matrimonio le da la gloria a Dios con sus vidas. Suena tan sencillo, pero es tan difícil de obedecer cuando no creemos que lo que Dios ha establecido es bueno. El mundo y nuestro propio orgullo se han encargado de engañarnos y de hacernos ver la sujeción como un mal, sin embargo, una vez que entendamos que Dios tiene un propósito perfecto para nosotras y el rol dentro del matrimonio, podremos sujetarnos con gozo a nuestro marido.

Llenas del Espíritu Santo

Pudieras decir: "Ya entendí. Puedo ver claramente el diseño de Dios y me gustaría hacerlo. Pero mi marido no es cristiano, no conoce a Dios, además, es una persona que no hace lo que es correcto, que no tiene temor de Dios. ¿Debo someterme a un hombre así?" La respuesta es sí. Él es tu esposo y debes someterte como te sometes a Cristo. *¿Sabes que tu sometimiento al esposo revela tu sometimiento y obediencia a Dios?* Una mujer temerosa de Dios, a pesar de tener un esposo egoísta y caprichoso, se somete a él porque le basta que sea su marido. Lo hace porque ama y honra a Cristo, porque tiene un deseo de cumplir la voluntad de Dios.

"No os embriaguéis con vino, en lo cual hay disolución; antes bien sed llenos del Espíritu, hablando entre vosotros con salmos, con himnos y cánticos espirituales, cantando y alabando al Señor en vuestros corazones; dando siempre gracias por todo al Dios y Padre, en el nombre de nuestro Señor Jesucristo. Someteos unos a otros en el temor de Dios. Las casadas estén sujetas a sus propios maridos, como al Señor" (Efesios 5:18-22).

Cuando seamos llenas del Espíritu Santo podremos:

- Hablar con salmos, himnos
- Cantar y alabar con el corazón
- Dar gracias por todo a Dios
- Someternos unos a otros en el temor de Cristo

Solamente una vida transformada y llena del Espíritu Santo, que ha entendido el evangelio, puede someterse a su esposo con gozo, disfrutando de la verdadera libertad en Cristo. Necesitamos confiar en que este es el camino para nuestro bienestar y la verdadera felicidad. El cristianismo se trata de Dios mismo capacitándonos para vivir una vida sobrenatural y que refleje Su gloria. Cuando imitamos a Cristo en la sumisión, estamos dejando un modelo de vida a la siguiente generación.

Decide ser una mujer de influencia que está sujeta a Cristo, y así, en obediencia y amor, puede sujetarse a su marido.

Sahira de Macías

TERCERA PARTE
CONSTRUYE TU LEGADO

En la tercera parte, aprenderemos que nuestras vidas pueden dar honra el Señor o pueden causar deshonra. Somos como cartas abiertas, escritas y leídas por todos los hombres, por eso, es importante meditar en el mensaje que estamos dejando a los que nos siguen.

Veremos lo que es un legado y cómo podemos construirlo durante nuestra vida, de tal manera que, cuando nuestros días terminen sobre la tierra, las siguientes generaciones conozcan, amen y sirvan a Dios con todo su corazón.

CAPÍTULO 10:

UNA MUJER DE INFLUENCIA, HONRA LA PALABRA DE DIOS

"que (las ancianas) enseñen a las mujeres jóvenes a amar a sus maridos y a sus hijos, a ser prudentes, castas, cuidadosas de su casa, buenas, sujetas a sus maridos, para que la palabra de Dios no sea blasfemada".

(Tito 2:4-5)

El mundo cada vez se vuelve más complicado. Hay una falta de discernimiento para reconocer lo que es malo y dañino; una falta de sabiduría para escoger lo que es bueno y lo excelente, hay prácticas malas, dañinas y perversas que, aunque son tan obvias, la gente no lo puede ver. Es como si estuvieran ciegos. Prácticas como el aborto, los matrimonios del mismo sexo, las adicciones a la pornografía y las drogas, el feminismo y el machismo, la rebeldía a la autoridad, entre otras cosas, son más comunes día con día. Cada vez son menos los límites y más los excesos.

El estilo de vida se ha vuelto tan veloz que la gente ya no tiene tiempo suficiente para reflexionar sobre sus acciones, para darse cuenta de que caminan en el sentido contrario, el mayor problema es que muchas personas no saben que la Biblia contiene la respuesta a las preguntas o decisiones que puedan surgir en nuestro camino diario; pero, hay otros que, aun sabiendo que en la Biblia hay sabiduría, no la buscan porque no tienen fe, no la obedecen porque no creen.

En este pasaje de Tito capítulo dos, el apóstol Pablo inicia diciendo: *"Pero tú habla lo que está de acuerdo con la sana doctrina"*. Esta es una exhortación para enseñar y dar testimonio de la Palabra de Dios. Tras esta exhortación, vienen las recomendaciones para los ancianos y las ancianas. En el versículo 3, nos habla del carácter de las mujeres ancianas; y en los versículos 4 y 5, Pablo termina diciendo que debemos no solo aprender estas características, sino testificarlas y enseñarlas a otras mujeres, para que la Palabra de Dios no sea blasfemada.

Blasfemar es una palabra fuerte, implica deshonrar o difamar. Cuando, aunque nosotras profesamos ser seguidoras de Cristo, tratamos de enseñar a otras personas el evangelio solo con nuestras palabras, sin respaldar con el ejemplo lo que creemos, podemos causar que otros hablen mal del evangelio, es decir, cuando no tenemos un buen testimonio, provocamos que la Palabra de Dios sea blasfemada.

Esta es una gran responsabilidad para nosotras las mujeres cristianas, porque representamos a Cristo. La opinión que tengan las personas acerca de la Palabra de Dios dependerá de nuestro actuar, entonces, ya sea que vivamos de acuerdo con la

Palabra de Dios o no, impactaremos a todos aquellos que están a nuestro alrededor.

> *"presentándote tú en todo como ejemplo de buenas obras; en la enseñanza mostrando integridad, seriedad, palabra sana e irreprochable, de modo que el adversario se avergüence, y no tenga nada malo que decir de vosotros"*
>
> (Tito 2:7-8).

En estos versículos, vemos a Pablo exhortando a Tito a presentarse como ejemplo de buenas obras, y le pide que lo haga con integridad, con dignidad, con palabras sanas e irreprochables. Esto, para que el adversario sea avergonzado y no tenga nada malo que decir de nosotras.

Estar en la Palabra y obedecerla

Cuando era niña, antes de conocer a Cristo, más de una ocasión escuché a mi bisabuela recomendar a mis padres que leyeran la Biblia, que se acercaran a Dios. Ella hablaba cosas maravillosas de la Biblia; no recuerdo exactamente sus palabras, pero lo que sí recuerdo, es que su vida había cambiado, ya no era la persona de rostro duro y exigente, pues ahora tenía un rostro tierno y dulce, había pasado de una actitud de enojo y amargura, a reflejar paz. Algo había pasado en su vida que la transformó. Ahora entiendo que fue su salvación en Cristo y estar a la luz de la Palabra lo que cambió radicalmente su vida.

Un día, después de visitar a mi bisabuela, recordé que en mi casa había una Biblia color verde guardada en un cajón, en ese momento, fui a buscarla y comencé a leerla; honestamente, comencé a leerla sin entender lo que decía, sin embargo, años más tarde, después de haber aceptado a Cristo como mi

Salvador, comprendí que es el Espíritu Santo quien nos enseña la Palabra de Dios. Fue hasta que conocí a Cristo como mi Señor y Salvador que comencé a entender la Biblia, y cada día me apasionaba más y más por conocerla.

En la iglesia, constantemente, se nos anima a leer la Biblia, y sabemos que leerla transforma vidas, que trae esperanza y gozo, que son muchos los beneficios de estar en la Palabra. ¿Por qué, entonces, es tan difícil dedicar un tiempo para leerla? Personalmente, puedo ver al menos dos razones:

1. Porque no entendemos la importancia de la Biblia en nuestras vidas.
2. Porque no creemos en el mensaje que contiene.

"Toda la Escritura es inspirada por Dios, y útil para enseñar, para redargüir, para corregir, para instruir en justicia"

(2 Timoteo 3:16)

La Biblia es inspirada por Dios. Los santos hombres de Dios hablaron siendo inspirados por el Espíritu Santo. En ella, Dios revela su carácter, su gloria, su grandeza y su corazón para que, a través de ella, podamos conocerlo más, y así le demos gloria y alabanza en verdad, de esta manera, al adorarle, no lo haremos basados en una emoción (porque es común dejarse llevar por nuestras emociones), sino en el conocimiento que tenemos de Él.

La Biblia también nos redarguye; y es por medio de su Espíritu Santo que, al leerla y meditarla, nos convence de pecado, a fin de llevarnos al arrepentimiento, esto no lo podríamos hacer nosotras mismas, es el Espíritu Santo el que nos lleva a hacerlo. Por esta razón, es bueno tener siempre una actitud de humildad ante Dios. Si, al leer la Biblia, nos muestra que algo no estamos haciendo bien, debemos arrepentirnos y tomar la decisión de enderezar nuestro camino.

Su voluntad es que cambiemos de una vida de pecado, a una vida de santidad. Leer la Biblia nos ayudará a dejar de hacer todo aquello que no agrada a Dios. Leer la Biblia nos corrige, nos guía y nos protege. Debemos pedir a Dios su instrucción y, junto con ella, la fortaleza para vivirla y obedecerla.

"Nunca se apartará de tu boca este libro de la ley, sino que de día y de noche meditarás en él, para que guardes y hagas conforme a todo lo que en él está escrito; porque entonces harás prosperar tu camino, y todo te saldrá bien"

(Josué 1:8).

La Palabra de Dios es para nuestro beneficio, obedecerla nos ayuda a evitar aquello que puede dañarnos o arruinar nuestra vida; cuando andamos en sus caminos y en obediencia, experimentamos lo maravilloso que es tener a Dios guiándonos día a día, y quizá, al principio, no entendamos todas las cosas, pero comencemos por obedecer lo que sí comprendemos y, con la práctica, Él nos ayudará a ir entendiendo más y más.

Estar preparada para toda buena obra

"...a fin de que el hombre de Dios sea perfecto, enteramente preparado para toda buena obra"

(2 Timoteo 3:17).

La Palabra de Dios nos ayuda en el camino, vendrán pruebas y aflicciones a nuestra vida, pero a través de su Palabra, Dios nos prepara para soportarlas y aprender de ellas. No es en nuestras propias fuerzas, sino en el poder y la gracia que provienen de Dios.

"De tus mandamientos he adquirido inteligencia; Por tanto, he aborrecido todo camino de mentira. Lámpara es a mis pies tu palabra, y lumbrera a mi camino"

(Salmos 119:104-105).

La Palabra de Dios nos equipa para las buenas obras. Él nos creó desde el principio para que vivamos haciendo el bien, mas, cuando hacemos la Palabra de Dios a un lado, la influencia del mundo comienza a cambiar nuestra manera de pensar y, cuando menos lo esperemos, estaremos actuando contrario a las buenas obras.

Por medio de la Biblia podemos recibir la sabiduría y el discernimiento para tomar mejores decisiones; asimismo, experimentar su paz al saber que Dios está en control de todas las cosas. Nuestro Amado Padre tiene un propósito para cada uno de los eventos en nuestras vidas (porque Él es Soberano), y espera que, estando en su Palabra, aprendamos a confiar en Él. Te animo que leas tu Biblia diariamente, y recibas la sabiduría y guía necesaria para enfrentar las situaciones que vendrán día tras día.

Predicamos la Palabra

"Te encarezco delante de Dios y del Señor Jesucristo, que juzgará a los vivos y a los muertos en su manifestación y en su reino, que prediques la palabra; que instes a tiempo y fuera de tiempo; redarguye, reprende, exhorta con toda paciencia y doctrina"

(2 Timoteo 4:1-2).

Muchas veces, cuando hemos leído este pasaje, imaginamos que es una exhortación para los predicadores de la iglesia, sin embargo, este pasaje está destinado a todos los que hemos creído en Cristo, es para todo creyente. Todos, de alguna manera, tenemos la responsabilidad de compartir el evangelio. No podemos negar a otros la oportunidad de conocer a Cristo, debemos predicar la Palabra a tiempo y fuera de tiempo.

No solamente compartimos el evangelio verbalmente, sino que enseñamos la Palabra de Dios siendo un ejemplo de vida. Nosotras somos como cartas abiertas, conocidas y leídas por todos. Es muy probable que las personas que nos rodean no tengan el conocimiento y dominio de la Biblia como lo podremos tener nosotras, por lo tanto, debemos ser muy pacientes al explicarles la verdad del evangelio y asegurarnos que el mensaje quede claro en sus vidas.

Vivimos para dar gloria a Dios.

Realmente, este es el propósito de Dios para nuestra vida; este es nuestro llamado. Hemos sido creadas para darle la gloria a Dios y ayudar a que su reino crezca. *"Porque somos hechura suya, creados en Cristo Jesús para buenas obras, las cuales Dios preparó de antemano para que anduviésemos en ellas" (Efesios 2:10)*.

Nuestras vidas enseñan, discípula a otras personas; no se trata de compartir nuestros éxitos, presentarnos como perfectas ante las demás, es necesario reconocer que no somos perfectas, fallamos, pero, aun de esos momentos difíciles lograr dar testimonio del poder y la gracia de Dios, la cual nos ha perdonado, nos ha restaurado.

No se trata de intentar hacer que las mujeres sean iguales a nosotras, que tengan las mismas características, preferencias o hábitos. Si intentamos hacerlo, corremos el riesgo de convertirnos en mujeres juiciosas, que se dedican a criticar a las que no actúan como nosotras, nos convertimos en mujeres que consideran que su manera es la única y la mejor para hacer las cosas. Si queremos honrar a Dios con nuestra vida (y llevar a otras a hacerlo también) es necesario entender que Él debe ser nuestro modelo para seguir, y esto mismo transmitirlo a las demás.

Este es un buen momento para hacer un alto y reflexionar:

¿Mi vida está honrando la Palabra de Dios? ¿Puedo influenciar a otras mujeres a seguir un estilo de vida que da honra al Señor o estoy llevando una vida que, de una manera, consciente o inconscientemente, provoca que la Palabra de Dios sea blasfemada?

Decide ser una mujer de influencia, que guarda la Palabra de Dios en su mente y en su corazón, para ser transformada a Su imagen.

CAPÍTULO 11:

EL LEGADO DE UNA MUJER DE INFLUENCIA

"Por tanto, guárdate, y guarda tu alma con diligencia, para que no te olvides de las cosas que tus ojos han visto, ni se aparten de tu corazón todos los días de tu vida; antes bien, las enseñarás a tus hijos, y a los hijos de tus hijos"

(Deuteronomio 4:9).

Dios se había manifestado a su pueblo en el Monte Sinaí y les había revelado los diez mandamientos. Sin embargo, los israelitas tendían a olvidarse de todo lo que Dios había hecho por ellos a través de los años. Moisés le dice al pueblo: "...guárdate y guarda tu alma con diligencia...". Les exhorta a que sean diligentes en no olvidar todas las cosas maravillosas que habían visto y aprendido. Les recuerda que deben ser obedientes a los mandamientos para que, de esta manera, las naciones de sus alrededores pudieran ver que eran un pueblo sabio e inteligente, y principalmente, que Dios estaba con ellos. Moisés los anima a ser responsables al enseñarlo a sus hijos y a sus nietos, a que dejen un legado espiritual a la siguiente generación.

Herencia o legado espiritual

Muchas veces, cuando hacemos planes con respecto a la herencia que queremos dejar a nuestros hijos, quizá pensamos en dejar alguna herencia económica en una cuenta bancaria, deseando que no les falte nada a futuro, u objetos materiales, como una casa o un automóvil, pero, nos olvidamos de la herencia más importante, la herencia espiritual, olvidamos que la mejor forma de invertir en el futuro de nuestros hijos es instruirlos en el camino de Dios para que, aun cuando fueren mayores, no se aparten de él (Proverbios 22:6). Guiar a nuestros hijos a descubrir el propósito por el cual fuimos creados y a andar en él es más valioso que cualquier herencia terrenal.

Como madres, si amamos a nuestros hijos, debemos buscar que ellos también tengan un encuentro con Cristo, que cumplan el propósito por el cual Dios los creó, le sirvan con pasión y entrega. En esto consiste dejar un legado, es dejar una herencia que se transfiera a otras generaciones, aun después de morir. El legado espiritual se transmite en vida; día a día. Contrario a lo que muchos piensan, no es necesario ser una anciana con mucha experiencia para dejarlo. Desde muy joven, tú puedes comenzar a dejar un legado a tu próxima generación. Hoy puedes comenzar a ser intencional al construir tu legado espiritual.

Firmes en la verdad

El legado que más impacta la vida de otros consta de demostraciones de amor y reverencia a la Palabra de Dios. Los que nos rodean pueden ver cuando conocemos, guardamos y obedecemos la Biblia, porque esto se refleja en nuestras palabras y actitudes, en nuestra forma de conducirnos y de actuar. Es evidente cuando una persona está en comunión íntima con Dios.

Podemos enseñar a nuestros hijos a amar la verdad, es en nuestra casa donde debemos mostrar la influencia que las Escrituras tienen sobre nuestras vidas. Somos responsables de instruir, guiar a nuestros hijos de acuerdo con ella, es importante leer, escudriñar y compartir la Biblia con nuestros hijos desde temprana edad.

Recuerdo que mis hijos, cuando aún estaban muy pequeños, aunque todavía no sabían leer, ya tenían su Biblia: quizá no pudieran leerla, pero ya sabían que era importante. Les leíamos las historias de una manera muy sencilla con el propósito de que conocieran a Dios, apenas podían hablar y ya los escuchaba diciendo que Dios hizo el sol, la luna, las estrellas, a mamá y a papá, sabían que Dios le pidió a Noé que construyera un arca, que Noé metió a los animales de dos en dos en ella. No importa qué tan pequeños sean, o si aún no son capaces de hablar, ellos pueden comprender quién es Dios y cuánto los ama.

No solamente somos responsables de transmitir el ejemplo a nuestros hijos. Toda nuestra familia puede conocer a Dios a través de nosotras, podemos dar testimonio de las obras maravillosas que Dios ha hecho en nuestra vida, quizá podamos compartir nuestra historia de conversión, relatando cómo fue que tuvimos un encuentro con Cristo; o contar a otros cómo Dios nos levantó, sanó, restauró, dio libertad y ha ayudado en momentos de dificultad. Testificar del poder de Dios nos ayuda a no olvidarnos.

Ejemplo de legado

"Pero persiste tú en lo que has aprendido y te persuadiste, sabiendo de quién has aprendido; y que desde la niñez has sabido las Sagradas Escrituras, las cuales te pueden hacer sabio para la salvación por la fe que es en Cristo Jesús"

(2 Timoteo 3:14-15).

Timoteo había aprendido desde niño las Escrituras. Él sabía que sus enseñanzas traen sabiduría y que, al estudiarlas, aprendería a confiar más en Jesucristo, para así ser salvo. Sin embargo, esto no lo aprendió por su cuenta. Timoteo fue enseñado por dos grandes mujeres, su abuela y su madre; *"trayendo a la memoria la fe no fingida que hay en ti, la cual habitó primero en tu abuela Loida, y en tu madre Eunice, y estoy seguro que en ti también" (2 Timoteo 1:5).*

¿Has visto la antorcha olímpica? es una antorcha que está diseñada para que arda continuamente. El legado es muy similar a estas antorchas. Durante nuestra vida procuremos ser reflejo de la luz de Cristo, aun cuando Dios nos llame a Su presencia, que la antorcha siga encendida de generación a generación.

De estos pasajes, podemos ver que, tanto Loida como Eunice:

1. Fueron diligentes al enseñar a Timoteo la Palabra de Dios.
2. Instruyeron a Timoteo a adquirir la sabiduría necesaria de la Palabra de Dios para llevar una vida bajo sus propósitos
3. Enseñaron a Timoteo a confiar en Jesús para que así llegara a ser salvo.

Construye tu legado

Una mujer de Dios es una mujer que busca construir un legado, que sabe que su vida tiene un propósito en este mundo y desea cumplirlo. Veamos algunos aspectos importantes que nos pueden ayudar a considerar cómo estamos construyendo nuestro legado:

- **Una mujer de legado es guiada por la Palabra de Dios y tiene un fundamento firme.**

"*Lámpara es a mis pies tu palabra, y lumbrera a mi camino*"

(Salmos 119:105).

¿Cuál es tu creencia? ¿Realmente tu vida está siendo guiada por Dios y Su Palabra? ¿Dedicas tiempo cada día para buscar dirección de Dios? ¿Qué puedes hacer hoy para acercarte más a Dios y descubrir el plan que tiene para ti?

- **Una mujer de legado enfrenta las situaciones en oración y ve a Dios obrando a su favor.**

Convertirse en una mujer de oración no sucede de la noche a la mañana. Requiere esfuerzo y una disciplina de oración. Las victorias espirituales siempre están ligadas a la oración. *"Pero sin fe es imposible agradar a Dios; porque es necesario que el que se acerca a Dios crea que le hay, y que es galardonador de los que le buscan"* (Hebreos 11:6).

¿La oración está en tu lista de prioridades del día? ¿Por qué consideramos que es bueno orar? ¿Qué maneras prácticas podemos aplicar para apartar un tiempo de oración en nuestras vidas tan ocupadas? ¿Por qué decimos que "la oración cambia las circunstancias"?

- **Una mujer de legado refleja la persona de Cristo**

    "Es necesario que él crezca, pero que yo mengüe"

    (Juan 3:30).

    Cuando interactuamos con otras personas, tenemos una oportunidad de reflejar a Cristo. Sin embargo, hay momentos que nuestra vida es probada, pero son esos momentos en los que estamos bajo presión, que tenemos la oportunidad de dejar ver nuestra naturaleza humana o ser un reflejo del carácter de Cristo.

    ¿Quién eres en momentos de crisis? ¿Cómo ha cambiado tu vida desde que comenzaste a tener una relación con Cristo? ¿Puedes identificar las áreas en las que no has cambiado? ¿Cuáles son algunas de esas áreas? ¿Cuáles son algunas maneras (misericordia, amor, bondad, perdón) en las que puedes permitir que su gracia brille en ti?

- **Una mujer de legado tiene una vida en pureza**

    Necesitamos ver nuestra propia pureza como una prioridad para que, por medio de nuestro ejemplo, ayudemos a nuestros hijos a evitar el pecado, dejándoles como legado una vida pura y de integridad. *"De modo que, si alguno está en Cristo, nueva criatura es; las cosas viejas pasaron; he aquí todas son hechas nuevas."* (2 Corintios 5:17)

    Seguramente Dios ha hecho cambios en ti. ¿Cómo estos cambios han beneficiado tu vida y la vida de los que te rodean? ¿Qué cosas hay de tu vida pasada que todavía te dificultan vivir en pureza? ¿Qué estarías dispuesta a hacer para permitir al Espíritu Santo moldear tu vida?

- **Una mujer de legado tiene una vida con propósito**

    Somos parte del plan de Dios, fuimos creadas con un propósito divino. Para cumplir ese propósito, Dios nos ha equipado con dones y talentos. *"Y sabemos que a los que aman a Dios, todas las cosas les ayudan a bien, esto es, a los que conforme a su propósito son llamados"* (Romanos 8:28).

    ¿Qué dones y talentos posees? ¿Qué sueños tienes? ¿Hay alguien en tu vida con experiencia y sabiduría que pueda ver tus dones de una manera que, quizá, tú no los ves? ¿Quién puede darte una honesta retroalimentación o motivación a tu vida?

- **Una mujer de legado tiene clara sus prioridades**

    Las prioridades son el fundamento para edificar nuestra vida. Las prioridades se convierten en metas que nos ayudarán a enfocar nuestro andar. *"Mas buscad primeramente el reino de Dios y su justicia, y todas estas cosas os serán añadidas"* (Mateo 6:33).

    ¿Cuáles son tus cinco prioridades principales? ¿Cuáles son algunas maneras prácticas en las que puedes andar de acuerdo con tus prioridades?

- **Una mujer de legado persevera**

    "Tú, pues, sufre penalidades como buen soldado de Jesucristo. Ninguno que milita se enreda en los negocios de la vida, a fin de agradar a aquel que lo tomó por soldado"

    (2 Timoteo 2:3-4).

    El apóstol Pablo describe al cristiano utilizando, como metáfora, a un soldado que entiende su propósito, no se "enreda" en los asuntos de la vida; que está enfocado en su misión y persevera en medio de las dificultades. Muchas veces el primer impulso ante la dificultad es querer renunciar, pero la perseverancia te llevará hacia el otro lado.

¿Hay áreas en tu vida en las que te sientes tentada a renunciar? ¿Qué pasos prácticos puedes dar para seguir hacia adelante?

- **Una mujer de legado tiene poder**

Hay una gran diferencia entre considerar a Jesús como nuestro Salvador y como nuestro Señor. Cuando le llamamos "Señor", nos rendirnos completamente a su voluntad. El poder del cristiano está en la persona del Espíritu Santo. La clave para una vida de victoria es apoyarnos en Él para todo.

"pero recibiréis poder, cuando haya venido sobre vosotros el Espíritu Santo, y me seréis testigos en Jerusalén, en toda Judea, en Samaria, y hasta lo último de la tierra"

(Hechos 1:8).

¡El Señor es un Dios de poder! ¿Qué milagros has visto en tu vida? ¿De qué manera puedes depender más del Espíritu Santo en tu vida diaria?

Cuando nos sentimos débiles el poder de Dios toma el control.

- **Una mujer de legado actúa para alcanzar al mundo**

Actúa con valentía para alcanzar a aquellos que tienen una necesidad, con el propósito que conozcan a Cristo y su amor, usa todos los recursos posibles para edificar vidas y hacer un cambio en los demás. En Juan 4 vemos la historia de la mujer samaritana. Jesús se detuvo a conversar con ella porque sabía que tenía una gran necesidad, y se presenta a sí mismo como el Mesías, el Salvador; después de su encuentro con Jesús, ella fue a la ciudad y contó a otros su experiencia con Cristo:

"Entonces la mujer dejó su cántaro, y fue a la ciudad, y dijo a los hombres: Venid, ved a un hombre que me ha dicho todo cuanto he hecho. ¿No será éste el Cristo?"

(Juan 4:28-29).

¿Qué pequeño acto puedes hacer para cambiar el mundo? Comienza con una persona. ¿A quién puedes servir esta semana con el propósito que conozca el amor de Cristo a través de ti?

Si nosotras callamos y no compartimos el evangelio con otros, corremos el riesgo de que se levante una generación que no conozca a Dios, como sucedió en el tiempo de los Jueces, donde cada uno hace lo que bien le parece sin considerar a Dios ni a su Palabra.

> Decide ser una mujer de influencia que sea de impacto en este mundo, y también en la eternidad.

EPÍLOGO:
¿HAS PENSADO CÓMO SERÁ TU LEGADO?

Todas vamos a dejar un legado, seremos recordadas según cómo sea nuestra vida. De ahí deriva la importancia de trabajar en construir nuestro legado. Le doy gracias a Dios por la oportunidad de servir en el ministerio de mujeres. Nunca lo he visto como algo fácil, al contrario, humanamente es difícil, pero creo en Dios, creo en su Palabra, y me he rendido a su voluntad. He podido ver su poder y su buena mano ayudándome a obedecer en aquello que me ha pedido hacer.

Recuerdo el primer retiro de mujeres de nuestra iglesia. El Señor me pedía que hiciera algo más con las mujeres, por lo que, en obediencia, organizamos nuestro retiro. El Señor nos ayudó a conseguir un hermoso lugar, transporte, un equipo de colaboradoras, puso en mí el mensaje de la Palabra que compartiríamos durante el retiro (el tema era "Asume el Reto" y estaba basado en Tito 2:3-5). Todo estaba listo. Al llegar al lugar, me instalé en mi habitación y, por la ventana, veía al grupo de mujeres disfrutando del lugar, y en ese momento llegó el temor a mi vida, entonces, oré al Señor, le dije: "Señor, estas mujeres vienen aquí esperando algo de Ti. Vienen a este retiro esperando que haya un cambio en sus vidas. Por favor, ayúdame; manifiesta tu poder y, por medio de tu Palabra, transforma nuestras vidas". Han pasado siete años de esto y aún puedo recordar y testificar que el Señor se manifestó grandemente, Él habló a nuestras vidas, tocó nuestros corazones y cambió nuestra manera de actuar. Dios es fiel, si Él te ha pedido hacer algo, te va a respaldar.

Después de un tiempo en oración rogando al Señor por dirección para ayudar a las mujeres a estudiar la Palabra, que no quedará solo en un retiro, iniciamos los grupos de estudio de manera presencial y a través de las redes. El Señor nos ha permitido alcanzar a muchas mujeres para Cristo, servir en Su Reino apoyando a nuestras hermanas dentro y fuera de la iglesia. Este ministerio nos ha enseñado a buscar la gloria de Dios, a entender que somos parte de algo más grande, somos colaboradoras en Su Reino.

El Señor me ha enseñado que toda mujer cristiana debe ser una mujer de influencia; no por nosotras mismas (porque somos imperfectas), sino porque reflejamos la gloria del Dios grande y poderoso que tenemos. Es un llamado a despertar a las mujeres de este tiempo, dejar que la sal y la luz de Cristo brille con intensidad en nuestras vidas a fin de llevar a otras mujeres al conocimiento de la verdad.

Jesús nos dejó la comisión de ir por todo el mundo y predicar el evangelio a toda criatura (Marcos 16:15). Toda mujer cristiana debe ir al mundo y marcar una diferencia para Jesús.

Usemos nuestros dones para servir al Señor con pasión, ya sea en tu casa, iglesia, comunidad, trabajo, en todo lugar donde el Señor te permita estar, ¡brilla!

No esperes a que se acerquen mujeres a pedirte apoyo para que las guíes, ora al Señor, deja que Él te lleve a las mujeres que tienen necesidad. No esperes que una mujer mayor se acerque a ofrecerte apoyo espiritual, ora al Señor, ve a pedir apoyo a una mujer mayor que tú.

Un día, los que hayamos creído en Cristo Jesús, podremos verlo cara a cara. Nuestra mente no alcanza a imaginar ese día ni cuál será nuestra reacción al estar delante de nuestro Salvador quien nos amó tanto. Simplemente al pensar en este glorioso momento, mi corazón se acelera de emoción; y, cuando leo en su Palabra que estaré en el cielo eternamente con Él, anhelo ese día, sea que me llame a su presencia o que venga en las nubes por nosotras, quiero estar con mi Amado Salvador.

Ya no seré juzgada de pecado porque Cristo pagó por mí, pero, sí seré juzgada por lo que hice con mi vida después de poner mi fe en Cristo. Y mi anhelo es escuchar a mi Señor decir: *"Bien, buena sierva y fiel; sobre poco has sido fiel, sobre mucho te pondré; entra en el gozo de tu Señor".*

Oro a Dios para que podamos cumplir el propósito por el cual fuimos creadas, para que nuestras vidas puedan agradar a Aquel que nos amó y nos rescató, a fin de darle gloria.

¡Oro para que seas una mujer de Influencia!